77歳、喜寿のリアル

やっぱり昔はよかった!?

勢古浩爾

草思社

はじめに

わたしは昭和二十二年に生まれた（一九四七年という西暦を使うことが多くなったが、わたしの意識のなかでは、昭和二十二年生まれ、がしっくりくる）。

昨年の七月で七十七歳になった。

昭和二十二年から二十四年に生まれた人間は、およそ八〇六万人である。

この巨大な人口の塊《かたまり》は、団塊の世代と呼ばれてきた。

それだけで、その八〇六万人にはなんとはなしの共感を覚えるが、もちろんその全員をわたしは知らない。

わたしが直接知り合ったのは、大分県竹田市の竹田小学校（小一から三）、大分市の春日小学校（小四から六）、おなじ大分市の王子中学（中一）、佐賀県伊万里市の伊万里中学（中二、三）、広島市の基町高校（高一、二）、長崎県佐世保市の佐世保北高校（高三）の同級生の皆さんだけである。

しかしそうではあるが、その小中高の同級生のほとんどを覚えていない。大学は明治大学政治経済学部政治学科だったが、クラスの人間はふたりほどを除いて、あとはだれも知らない。

覚えてないのではなく、顔も知らない。

そもそもクラスはあったのか？　そのふたりにしても、いつの間にか付き合いは絶えた。


ということで、生まれてから七十七年、小中高大のクラスの友人はひとりもいない。わりとこういう人間は珍しいのだろうか。それとも、けっこういるのだろうか。

別段、そのことはうれしくも悲しくもないが、同年生まれの皆さんにご挨拶申し上げる。

皆さん、お元気でしょうか。

自分を顧みてもいうのだが、よくも七十年以上も無事で――災難にも事故にも事件にも遭わず、また大病もせず――、ここまで生きてこられたものですね。

まさにご同慶の至りです。

世間では、七十七歳を喜寿というようです。

わたしは卒寿だと思っていましたが、卒寿は九十歳でした。とんだ無知でした。

しかし「喜寿」というめでたい語を充てられてはいるが、七十七歳とはほとんど日本の男の平均寿命の八十一歳ではないか。

もうとっくに死んでいてもおかしくはない歳なのだ。

いや、まだ油断はできないが。

もちろん、死んでなくても不思議ではないけど。


七十七にもなって、キャップをかぶり、*リュックを背負い、ジーパンにスニーカーという恰好で、自転車に乗っている。

家ではパソコンでメールを使い、検索をする。

外には、携帯プレーヤーを持ち歩いている。

しかし中身は昔の歌ばかりだ。

カメラは小型のコンパクトデジカメだ。

以前は一眼レフの入門機を持っていたが、でかくて重いので、まだ十分作動はするのだが、デジカメに替えた。

映画も好きで、現在は配信ビデオで見ている。

小説はハードボイルドが好きだが、読むのは昔の作家のものばかりだ。

このように多少は先端機器を使ってはいる。

が、わたしが生きているのは、昔の時代だということに気づく。

頭のなかはもっと昔だ。


*リュックサック。一九八八年のフジテレビの番組で、小学校教師役の田原俊彦が、背広姿にリュックサックを背負って、神田の街を歩いていくというシーンを覚えている。これがわたしが、大人のリュック姿を見た一番最初。「ほお、リュックか」と思ったことを覚えている。


人間はかつて自分が生きてきた時代を懐かしみ、評価したがるものらしい。

英語でも「グッド・オールド・デイズgood old days」（古き良き時代）という表現があるように、これは人間一般に一種普遍的な感情だといっていいのかもしれない。

この感情の背後には多かれ少なかれ、現在自分が生きている時代への違和感ないし反感がある。つまりわたしは総体として、いまの世の中が苦手なのである。

わたしが会社勤めをはじめたのは、いまから五十二年前のことである。

いや恐ろしい、半世紀前ではないか。

二十五歳だった。

中小というより零細の会社だったが、思い出すと、そのサイズがよく、全体的に風通しのいい、働きやすい会社だった。

もちろん、昔の会社組織だから問題はあった。

それでも、一言でいえば、会社全体に和気藹々《わきあいあい》という雰囲気があったのだ。

昔の嫌なことは忘れて、いいことばかりで美化されているんだよ、といわれるかもしれないが、嫌なことは覚えている。

それを差し引いた上で、当時から、ここはいい会社だな、と思っていたのである。

昔を思い出せば、昔の音楽（歌謡曲）はよかったなあ、と思う。

いまでも聴いているのである。

圧倒的に昔の歌はよかったと思うが、歌のよしあしを測る明確な基準もなく、結局わたしが昔の歌が好きだったということしかいえない。

もちろん、それでいい。

いまの曲は現在のファンが支えていけばいいのである。

本でいえば、わたしは年寄りが書いた本ばかりを読んでいるのである。

テレビは、一旦こっちがテレビのくだらなさに気づいてみれば、最近のテレビはどうしようもない。まだ無邪気に見ていた昔のテレビのほうが、ましだった。

わたしに気づかせたのは、ばかなことをやりつづけているテレビ自身である。

福沢諭吉は「一身にして二生を経るが如し」といった。

明治維新前と維新後の時代を生きた自分の人生を、前生と後生になぞらえたのである。

福沢ほどでないが、わたしも「二生」を生きたという気がしている。前生と後生の境が必ずしも明確ではないが。

大きく分けるなら、昭和とそれ以後である。

中程度でいえば、パソコンの普及前とそれ以後だ。

わたしには、この境までで十分である。

しかし、もっと小さく、しかも決定的に分けるなら、スマートフォン前と後（SNS前と後）である。

いずれもその前後で、世の中はあきらかに変貌したように見える。

もっともわたしは、たしかにいまの世の中（後生）で息をしてはいるが、もっぱら前生の価値観の中だけで生きているので、「二生」を生きているとはいえないかもしれない。

77歳、喜寿のリアル――やっぱり昔はよかった!?

目次

第1章　七十七歳の日々

第2章　やっぱり働き方は昔がよかった

第3章　やっぱり人間関係は昔がよかった

第4章　やっぱり小説も映画も昔がよかった

第5章 やっぱり音楽もテレビも昔がよかった

第1章
七十七歳の日々

これが七十七歳のじいさんの日常

というより、わたしひとりの日常である。

こんな不健康な生活をしている七十七歳のじいさんが、そんなに多くいるとは思えない。

わたしはほぼ毎日、朝五時、六時まで徹夜し、それから寝る。

六年前、脳梗塞をおこしたあと、さすがにこんな不健康な生活は改善しなければ、と思ったのも束の間、いまでは元の木阿弥である。

起きるのはだいたい昼の十二時前である。

時々、このルーティンが崩れることがある。

といっても朝の三時、四時に寝ることがある、というだけだが。

その場合、四時間ぐらい寝ただけで、目覚めることがある。

七時、八時である。

若い頃には、歳をとると目が覚めるのが早くて、眠れないようになる、と聞いていた。どうしても起きちゃうんだよな、と。

いざ還暦になり、六十代後半になっても全然そんなことがなかった。

みんな適当なことをいっていたんだな、と思った。

それがここ最近の睡眠四時間だ。

このことだったのかな、と思うが、わからない。

もうあと二、三時間は眠りたいのだが、だめである。

若いときのように、いやあ、寝たなあ、と思うことがない。

起きたあと、なにをするか。

まずコーヒーを淹れる。ブラックのままだ。

朝食は以前は食パン一枚にハムエッグとヨーグルトだった。最近はアマニ油を入れたヨーグルトだけにした。

降圧剤と血液サラサラの薬を三錠飲む。

大谷翔平のライブ中継があるときは、ちょっとだけ見る。それまでの試合経過と大谷の成績がわかればいいのだ。

もう丸々、一試合見るということはない。

「大谷、一本打てよ」と願いを入れて、自転車で出かける。

試合がないシーズンオフは、この時間が省略される。

行く先はもう十年一日のごとく、図書館か、数少なくなった喫茶店か、ショッピングモールか、本屋（まだ市内に二店ある）である。TSUTAYAが無くなったのが残念である。

昼食を摂る。

最近はもっぱら、「ゆで太郎」のもりそば（四三〇円）一本槍だ。

以前は丸亀製麺の釜揚げうどん（三四〇円）が好きで、それにかしわ天とれんこん天を入れたのを食べていたのだが、うどんは意外と塩分が多いのでそばにした。

夕方、帰宅する。

それから朝五時、六時まで、テレビや本や音楽やビデオ配信などで時間をつぶして徹夜をする。一番落ち着く時間なのだ。

さあ、そろそろ寝るか。

わたしは埼玉に住んでいるが、東京に出ていくことはほとんどない。出ていくときは、やはり馴染みのある神田が多い。

昨年一年間で二回ほどだったか。人に会うためだった。

行けばかならずキッチン南海のカツカレーか、いもやの天ぷら定食を食べる。

上京の目的の半分はこれなのだ。

二、三か月に一回は、大泉学園の弟のとこへ行き、一泊する。

大体こんなところか。書くこともなかったな。

基本、こういうおもしろくも悲しくもない一日が、三六五日つづくのだ。

識者(和田秀樹、池田清彦)たちは、歳をとったら、好きなことをして楽しく生きていくのが一番だ、というが、別段、楽しいことなどない。

好きなことといえば、好きなことをしているわけだが、そんな日々に格別の不満はない。

掛け値なし、なんの変哲もない日々、である。

ありがたいことにまだすることがある

徹夜して、さぞかし原稿書きに勤《いそ》しんでいるだろうと思われるかもしれない。

そうであればいいのだが、そうではない。

ありがたいことに、こんな歳になってまで、まだいくつか仕事をもらうことがあるのだが、よおし、といった意気込みがないのである。

いや、ないわけではないのだが、それが日々に生きてこないのだ。

生来が怠け者だから、つい映画とか本とかＹｏｕＴｕｂｅとか、録画した番組を見たりと、楽なほうに流れてしまうのである。

気負いはないが、もちろん、書くときはまじめに、真剣に書く。

わたしにできることは、まじめに、真剣に書くしかない。

仕事を頂けるということは、日々の見えない張りになっていることは間違いない。

こんな歳の老人にまだ仕事をくれることに対して、報いなければならないという気持ちは当然ある。

それがわたしが持てる唯一の意思である。


仲間たちとカラオケに行かない。ゲートボール（パターゴルフ）もしない。せっせと食べ歩きをしない。飲み会とやらもしない。

そもそも、仲間がいない。

だめだこりゃ、でしょ。話にならん、とお思いでしょ。

しかたないのである。こういうふうに生まれついてしまったのだから。

もちろん、流行《はや》りのソロキャンプもしないし、サウナにも行かない。いったい、サウナが好きな老人って、いるのか。

基本、無趣味である。

それでもミステリー小説を読むのが好きである。その他、歴史全般にも興味がある。デジカメで写真を撮る。映画を見る。

かようにわたしの生活は簡単・簡素である。

唯一持っていた自動二輪の免許は返納した

わたしは車の免許を持っていない。残念といえば残念である。

学生時代、一度は取ろうとしたのである。

いまでも、おばあさんが運転しているのを見ると、負けたな、と思う。

中年になって、オートバイに乗りたくなった。

それもオフロードバイクである。曲芸のようなトライアルにも惹かれたが、あれは独学でできるようなものではない。中年がするものでもない。

中型二輪の免許を取った。

一回、実技で試験を落ちている。下手くそだったのだ。センスがないんだな。

そういえば、スキーも下手だった。

大型二輪免許は興味がなかった。司法試験より難しいといわれていたが、ナナハンなど買えるわけもないし、家に置ける場所もない。

二五〇ccのオフロードを買った。

街中を乗り回しただけである。まあ情けない。一人旅に出るかな、と考えていたのだが、できなかった。

遠出したのは、仙台の友人を訪ねて行った一回だけである。

五十代になり、夏暑く、冬寒いバイクが堪《こた》えるようになった。

夏のヘルメットはたまったものではなかったし、冬は少々着膨れても寒さが身に沁みたのである。

それでも二回ほど更新したか。

年寄りの交通事故が問題になっていた。

これを期に、返納しようと思った。

二〇一九年（令和元年）、七十二歳の年に返納した。脳梗塞になった翌年だ。

五木寛之が、運転免許を返納したと書いていた。「男をやめる」ほどの決意がいったというのである。

車好きだった人の場合、そういうことはあるかもしれない。

わたしの場合、すっきりした。

やっぱりバイク人間じゃなく、自転車人間だったのだ。

これは年寄りになってした断捨離の、「捨」のひとつである。歳をとってあらたにすることはなくても、捨てることはある。

もうひとつの「捨」は、スマートフォンである。

スマホを持っていない人は変人らしい

持っていないのに、持つまえから「捨」をしたのはスマホである（「マイナ」と共に「スマホ」という呼び方が気に入らないが、しかたない）。

もうひとつの「断」は、テレビでありニュースである。

現在ではスマホを持っていないのは、どうも変人と見られるようである。

まあ、それはいい。もともと変人の気がないわけではないから。しかしわたしから見れば、なぜみんながスマホを持ちたがるのかがわからない。

なんだか命の次に大切なもののようではないか。

わたしは意地を張って持たないのではない。元々電話が好きでなかったから、スマホが出始めた頃、普通に、これはいらんな、と思ったのである。

それがいまにつづいているだけなのだ。

逆に、なんでみんな持ってるの、と聞きたい。

邪魔じゃないですか？

昔からみんな、そんなに電話がしたかったとも思えないし、そんなに写真が好きだったとも思えないし、そんなにゲーム好きだったとも思えないし、そんなにニュースを読むのが好きだったはずもない。

それともたびたび、炎上だの誹謗中傷だので問題になるＳＮＳとやらを、ご老人もやっているのか。

あるいは、自分の近況を知らせる文章や写真を、Ｘやらインスタグラムやらに上げたりしているのか。「いいね」とか押したりするのか。

全然楽しくなさそうなのである。

ただ邪魔なだけ、という気がするのだが、そうでもないのか。

ニュースなんか見ない

テレビは以前ほど見なくなった。

お笑い関連の番組を徹底的に排除したら、自然とそうなったのだ。

ニュースはそれにも増して、見なくなった。

「NHKスペシャル　〝正義〟はどこに〜ガザ攻撃1年 先鋭化するイスラエル」（二〇二四年十月六日放送）という番組を見た。

ドキュメント番組だが、長大なニュース番組といってもいい。

二〇二三年十月ハマスの急襲以後、停戦を求めるデモの鎮圧、人質救出を叫ぶ家族の弾圧、ヨルダン川西域やガザ地区への強引な入植など、極右化したイスラエルの傍若無人な過剰報復の実態を描いている。

もう双方の言い分など、無意味になっている。正義もへちまもない。銃と兵士の数の多いほうがやりたい放題なのである。

ニュースの中なら見なかったのだが、つい特集番組ということで見てしまった。

そして、またおなじ結果だ。

見るまえからわかっていたといえば、わかっていた。

かならずこうなるのだ。

結局、ひとりの老人（わたし）が不快になっただけ。見て、なにができるわけでもなく、無力感と絶望感に襲われただけ。人間はなんと愚かか、と思っても、無意味。

つまるところ、ＮＨＫはもっともらしい番組を作っただけ。

どう意図を説明しても、それだけ。

新聞は、文字でただ紙面を埋めるだけ（財務省批判の急先鋒高橋洋一は、三十年前に新聞をとるのをやめたという）。

テレビニュースは、表向きはまじめくさって（報道だ、取材だ、記者だ）いるが、ニュース番組という暇つぶし番組、娯楽番組を作っているだけである。

あらたにニュース番組は見ない、と決意する。

しかし、またおなじ結果になるとわかっていても、似たようなドキュメント番組は見るかもしれない。気がかりなら、そうするしかない。

ニュース番組は順不同だから、不快なだけのニュースはいきなり始まる。

それを避けるためには、最初からニュース番組を見ないことにするしかない。見たくないお笑い芸人も、番組によっては、いきなり登場したりすることがある。

そんな不快なものを見るくらいなら、まだ毒にも薬にもならない通販番組のほうがいい。

だから最近は、テレビをつけていても、見ていないことが多い。

イヤホンで穏やかな音楽を聴いている。

ＹｏｕＴｕｂｅで風景だけの動画を流している。

気になるのは血圧と塩分値（ＣＲＥ値）

半年ぶりに歩いた。

血圧はそれほど高いわけではないが、歩いて悪いことはない。

塩分を多く摂らないよう注意をしているのに、腎臓の働きに関係するクレアチニン

（ＣＲＥ）値が、１・40から１・49にまで増えた（正常値は０・61〜１・08）。

しかし、なんの自覚症状もないのである。

どうやら値が２・０とか３・０にならないと自覚症状はないらしく、貧血や倦怠感といった症状が出てきたときにはもう遅いという。

行きつくところは人工透析だ。

この値が増えたのは、この半年間歩いていなかったことも影響しているかもしれないと思い、九月下旬に暑さが落ち着いた頃、再開した。初日は六四三〇歩。

その晩の血圧は覿面《てきめん》下がった。

今後のＣＲＥ値は、二か月先の採血結果を待つしかない。

これからは平日は歩くつもりである。目安はなんの根拠もないが、一万歩だ。

もうすこし、自分の体のことを考えたほうがいいなと思う。

寝覚めがよくない。

起きるやいなや、「おーし、今日も調子がいいぞ」と、いきなり元気満々の老人はいるのだろうか。

まあ、いるのだろうが、わたしの場合はどんよりしている。

八十歳のボディビルダーのニュースを見た。写真も見たが、羨ましくはない。髪を青色に染め、ヘソを出して、老爺と歩いている老婆を見た。いろいろな老人がいるものである。

わたしは、といえば、洗面所でうがいをし、鏡で老けた自分の顔を見ると、「なんだこれは」と思い、「クアー、また一日か」と、もうくたびれているのだ。

しかし一時間も経つと、気分が変わってくる。

リュックの中身を整え、着替える。

歩くにしろ自転車に乗るにしろ、ここまでくれば、気力は多少充実している。

さて、どこへ行こうか。

まだ自転車に乗れる

わたしは、平衡感覚に多少の狂いが生じている、と思っている。あるいは、体幹が弱まっているのか。

まっすぐ歩けず、片足立ちになるとすぐバランスを崩すのである。蹲踞《そんきょ》の姿勢や、膝の屈伸や膝回しをやると、傾くのである（単純に筋力不足という気もするが）。

そのくせ、まだ自転車には乗れるというのが不思議でしょうがない。

自転車は、また、べつの感覚なのだろうか（そんなわけはない）。

ただ細かい運転は、以前に比べると正確さがなくなっている。

細い道や自分で決めたコース、を外れがちで、自信がないのである。ちょっとしたことで倒れやすく、それを足で踏ん張って防ぐこともできない。

足の筋肉がなくなっているのだ。

以前、テレビで見たのだが、土手の上を九十歳のおばあさん二人が自転車で全力疾走している映像を見て、驚嘆したことがある。すごいバアサンたちだった。

しかし、なんの参考にも、励みにもならない。

わたしにはなんの積み重ねもないのである。できなくてあたりまえだ。

このまま自然衰弱していくしかないか。

あれは何年前になるか、近所でよく見かけていた、機械人形みたいに自転車をゆっくり漕いでたシワシワの小さなおじいさんがいた。ちょくちょく行き会わせ、そのたびに、おお、がんばっているな、と思ってみていたのだ。いつの頃からか、見なくなってしまった。

わたしはまだそのおじいさんほど、よぼよぼはしていない。七十七歳という歳はふだんは意識はしていないが、それでも七十七歳だ。もう誕生日祝いは断っている。

七十七歳といえば、むしろ命日のほうが近いからだ。平均寿命などどうってことはないが、一応世間に合わせるなら、あと数年である。

嘘みたいだが、行けるところまで、行くしかない。

自転車は、乗れるときまで、乗ろうと思う。

喜寿で亡くなった人

七十七歳とは、いつ死んでもおかしくはない歳である。もちろん、死ななくてもおかしくはない。

しかしよくよく考えてみると、四捨五入すれば八十歳である。

前著『おれは老人？』（清流出版）で書いたように、自分が八十間近とはとても思えない。悪い冗談としか思えないのである。

年齢に関して茫洋《ぼうよう》として見当がつかなくなったときの頼みの綱、山田風太郎の『人間臨終図巻』（徳間文庫、二〇〇一）を見てみる。

その「Ⅲ」巻目に七十七歳（喜寿）で死んだ人として、次の十七名の人物が挙げられている。

ハイドン、鳥居《とりい》耀蔵《ようぞう》、河竹黙阿弥、ロダン、犬養毅、出口《でぐち》王仁三郎《おにさぶろう》、シェーンベルク、五島慶太、広津《ひろつ》和郎《かずお》、徳川夢声、フルシチョフ、吉屋信子、稲垣足穂、中野重治、嵐寛寿郎、志村喬、エラリー・クイーン。

うん、なんのリアリティもないな。

かろうじて嵐寛寿郎と志村喬だけに、近しさを感じる。

その衣鉢を継いだ関川夏央の『人間晩年図巻』（岩波書店）は、「１９９０―９４年」「１９９５―９９年」「２０００―０３年」「２００４―０７年」そして

「2008―11年3月11日」の五冊が出版されている。

その五冊のなかで、喜寿で亡くなった人として、三船敏郎と天本英世のふたりだけがふれられている。

その他、別途で調べたところ、三波春夫、吉田正、児玉清、中里恒子、三浦綾子、島岡吉郎《しまおかきちろう》、田村正和、林家こん平、中村吉右衛門、長門裕之、望月三起也らがいる。

わたしの思い入れが強い人物となると、三船敏郎と中村吉右衛門である。

しかし調べながら、なんか意味のないことをしているな、という思いがしてしまう。ただ有名人と自分を年齢で関係させているだけだ。

かれらは七十七で亡くなったが、わたしはまだ生きている。少しは得をしているな、とはまったく思わない。

思わないが、いま生きていることはありがたいことだ、とは思う。

七十七歳が喜寿なら、一九四七年（昭和二十二年）生まれで、ここ数年で亡くなった人のほうが、まだ親近感がある。

一九四七年生まれで亡くなった人は、デヴィッド・ボウイ六十九歳、衣笠祥雄七十一歳、西郷輝彦七十五歳、根津甚八六十九歳である。

ほかに評論家の石川好と小浜逸郎がいる。石川は二〇二四年、七十七歳で亡くなり、小浜は二〇二三年、七十五歳で亡くなっている。

ちょっとした感慨がある。

デヴィッド・サンボーンは一九四七年生まれではないが、昨年（二〇二四年）五月、前立腺がんで亡くなった。一九四五年生まれの七十八歳だった。

わたしはかれの「Ｔｈｅ Ｄｒｅａｍ」という曲が好きで、テープにこの曲だけを繰り返しダビングして、聴いていた一時期がある。

坂上二郎は一九三四生まれだが、二〇一一年、七十六歳で亡くなった。

二〇〇三年の一回目の脳梗塞から復帰したが、二〇一〇年の二回目の脳梗塞で亡くなった。七年目の再発である。

自分だけが特別であるはずがない。油断できないと思う。

が、思うだけ。

また変哲もない日々に、流されていくのだ。

第2章
やっぱり働き方は昔がよかった

勤めた会社が零細企業でよかった

わたしが会社勤めをしたのは、昭和四十七年（一九七二年）、二十五歳のときである。

神田駿河台にあった小さな洋書輸入会社であった。

年商はだいたい十二、三億円ぐらいだったか。

従業員は二十二人ほど、多くても二十五人ぐらいだった。中小ならぬ零細企業だったといっていい。

もちろん、最初からその会社に入ることを目指したわけではなかった。

人はそんな会社を目指さない。

そんな会社があることさえ知らない。

わたしが当初目指したのは出版社だった。そのあとは、新聞社に通信社。

だが、そんなとこに入って、なにをしたいというわけではなかった。世間知らずもいいところで、なんとなくよさそうだな、と思っただけである。

新聞社や通信社など、正直にいえば、なんの意欲もなかった。

敵はそんなわたしのまぬけな部分を見抜いたのだろう、数社の出版社、数社の新聞・通信社にわたしは落ちた。

それだけではない、その後の、小さな会社——業界新聞社、調査会社、家内製造会社、ピンク映画社（ここは電話をしただけで、受けなかった）など、五十社近くをことごとく落ちまくった。

新聞の求人欄で見つけた洋書輸入会社は、最後の最後にやっとひっかかったところだったのである。

もうひとつ、古びたビルの一室にあった、文房具の業界新聞の会社にも受かった。給料はこっちがすこしよかった（といっても知れているが）。

輸入会社に決めたのは、当時としては珍しい週休二日制を実施していた会社だったからである。

あとになって考えてみると、この会社はじつにいい会社だった。

給料が安い、のが玉に瑕《きず》だった(受かったときは、拾ってもらってありがたい、くらい感謝したのだったが)。

会社が小さいところもよかった。支社(出張所)が札幌にあったが、転勤の心配はなかった。子どもの頃から転校転校で、転勤のある会社は嫌だったのである。

その割には、新聞社や通信社を受けているではないかといわれそうだが、そのときは地方配属など考えもしなかった。

海外特派員がいいな、とだけ考えるアホだったのである。

入った会社の社長(当時は専務)は早稲田理工出身の三代目、同族会社だった。かれはワンマンでも理不尽でもなく、話がわかる人だった。

わたしが入社して二十年くらいは、会社の業績もよかったはずである。昇給率も高く(毎年十数パーセント)、小さな会社なのに、毎年福利厚生費も確保され、社員同士の映画鑑賞や食べ歩きやスキー旅行に補助が出た。

野球部のユニフォームまで作り、一泊二日の合宿までしたのだ。

創立記念日には毎年、近くの如水会館でパーティが行われ、それ以外にもいろんな名目のパーティをしょっちゅうやっていたような気がする。

完全週休二日制はまだ大企業でも珍しかった時代に、いち早く実施したのは三代目社長の先見の明であった。

というより社長の健康不安が動機だったと聞いたが、それでも自分だけ休まず、会社全体を週休二日にしたのは、当時のかれはまだ偉かったのだ。

会社は小さいながら五階建ての自社ビルを持っていた。無借金経営で、全国五万社の優良企業のなかに入っていたそうである。

しかし後年、会社が傾くようになった。

貧すれば鈍す、の例にもれず、かれは以前持っていたような柔軟性や寛容さを失い、独断的になっていったのである。

電卓、手動タイプライター、ＦＡＸが主流だった

日本洋書輸入協会という組織があった（現在は「輸入」の文字が取れて、日本洋書協会になっているようである。規模も縮小したようだ）。

当時のビッグ2は丸善と紀伊國屋書店だった（あまりイメージにないかもしれないが、両社とも洋書をかなり扱っているのである。しかし現在では、紀伊國屋は右の新組織には入っていないようだ）。

ほかに中堅どころが四社あり、わたしたちの会社はその四番目といったあたりだったようである。

顧客は国会図書館をはじめ、全国の大学図書館、大学教授、公立や民間の研究機関、企業の研究所、および個人の研究者である。

この業界の仕事は、海外の出版社への注文、請求書（インボイス）処理、入荷本・雑誌の整理、顧客への発送、出版社へのクレームなどである。

これらのすべてにタイプ打ちが必要となる。

内勤には一人一台があてがわれた。当然、全員が打てた。

わたしは入社してから、覚えた（それがのちの、ワープロやパソコンでの原稿書きに役立った）。

アンダーウッドというまっ黒で重厚なタイプライターが一台あり、好きだった。キーを押し下げるストロークが深く、慣れが必要だった。

ぼちぼち、電動タイプが出始めていた。こっちはキーに軽くふれるだけで打てたが、まだ高価だったので、全機とっかえというわけにはいかなかった。

雑誌の注文は毎年定期購読（サブスクリプション）だから、夏になると、わたしが所属していた雑誌課の全員で、翌年の注文書をタイプで打ち溜めしておくのである。課員六人で何十日打ったのか、何千枚、何万枚打ったのか、もう覚えていない。

海外とのやりとりも、英文レター（コレポンといった）を書き、一々国際郵便で出したものである。

いまではEメールがある。

これは画期的なものである。

その便利さが心底実感できるのは、昔、ファックスを使っていた人間だけである。あるいは国際電報というものもあった。

電卓も、いまから思えば巨大な電卓だった。

現在の手のひらサイズなど、想像もできなかったくらいである。

思い起こせば、すべてが懐かしい。

和気藹々がまだまだ残っていた

この会社が特別だったのかもしれない、という気がしないでもない。とにかく、働きやすかったのである。

わたしはほかの会社に勤めたことがないから、比較対照ができないが。

もちろん、なにからなにまでよかったということはありえない。

ひとり、無駄にいきがる社員はいたが、かれはのちにやめていった。酒を飲めば、からんでくる中年社員もいたし、部意識の強い営業部長もいた。

もちろん、そんな人間はどの時代のどんな組織にも、いる。

それでも会社全体に、まだ和気藹々という雰囲気があったのである。社内の風通しがよく、へんにいがみ合うことはなかった。

やはり社長がよかったのであろう。後年、わたしは社長と対立することになるのだが、当時のかれは基本的に穏やかで、話し好きで、論理的な思考ができる人だった。

一般的に、上は独断専横的な人間だが、社員たちがいい、*ということはありえない。

*日本軍は、将軍は無能だが、下士官が優秀だったと、戦後、アメリカから評された。しかしその下士官たちは、陸海軍ともに、兵を無意味に、いじめぬいた。

わたしが入った会社には、いい先輩が多かった。四、五十代の前の世代が中心で、そのあとにわれら二、三十代の世代がいた。

男女比は半々くらいだったが、女子に無礼な言葉遣いをする男はいなかった。日本の組織では珍しいことだった。

残業を強制することもなかった。

帰ろうと思えば、だれでも毎日五時の定時に帰れたのである。

わたしはのちに社内のコンピュータ化に関わったときは相当休日出勤と残業をしたが、それは自分自身の判断でしていた。

休日を取るのも割と自由だった。

三階は営業と経理、四階は仕入部と、わたしがいた雑誌部だったが、各課の交流も密だった。

なぜか男たちには将棋好きが多く、一時期、昼休みにあちこちで将棋をしている光景が毎日見られたものである。

野球部を結成し、出版健康保険組合の大会にエントリーして、数年間大会に出たこともある。一番下のFクラス（?）だったが、楽しかった。

わたしは元々明るい人間ではない。

学校の昼休みに、仲間たちとおどけたり、剽軽《ひょうきん》なことをして笑わせたり、先生をおちょくったりするような生徒ではなかった。

おれもあんなに軽く生きられたら楽なのになあ、と羨ましく思ったこともないわけではなかった。

だが、わたしはおそらく自意識が強かったのだろう。

他人の目というより、頭上の右上あたりにある自分の目を気にし過ぎて、がんじがらめになっていたのである。

そんなわたしだから、入社した当時は、昼休みになると、ひとりでパチンコに行ったり、遠くの喫茶店に行ったりして、社員に会わないようにしていた。

そしてそんなわたしが、社員たちと徐々に馴染んでいったのだ。わたしは年下や同僚よりも、年上の人間のほうが好きである。

その意味で、ほんとにいい先輩たちに恵まれた。女きょうだいのいなかったわたしは、女子が苦手だったが、女子社員とも気軽に話すことができたのである。

ひとつには、やはり会社の業績がよかった、ということがあったのであろう。社員たちに余裕があったのだ。

COBOLの日々

そんなとき、世間にまだパソコンなど影も形もなかった時代に、コンピュータの導入を決めたのも社長だった。

課長と主任とわたしの三名が、責任者に任命された。

全員文科系である。

大丈夫かねと思ったが、やるしかなかった。

当時はコンピュータ業界に巨人ＩＢＭが君臨していた時代である。そこと契約直前までいった。だが、セールスはよかったのだが、かれの上司の態度が、うちの機械を使わせてやるといった尊大傲慢な態度だった。

客のまえで、ふんぞりかえるというやつは本当にいるもので、契約直前に破棄した。思いもよらぬ仕打ちに、上司は慌てたが、後の祭り。他の会社に決めた。

現在、ＣＯＢＯＬ（コボル）というプログラム言語はもう使われていないだろう。一か月間、三人ともその会社の研修に行って、プログラムの書き方を教わった。

プログラムは全部社内で作った。

といっても主任とわたしのふたりだけだったが、課長は途中で一抜けた。

そのことになんの問題もなかった。

会社の仕事は、わたしたちが一番知っているからである。

いま考えると、我々が作ったコンピュータ・システムの使い勝手はかならずしもいいとはいえなかったが、それでもそれなりに、たいした不便もなく動いた。

仕入れ先ファイル、顧客ファイル、タイトルファイルなど、よく作れたもんだと思う。もうどうやったのか覚えていない。

機械は三世代ほど変えたか。

わたしはプログラムを書くことが嫌いではなかった。自分でフローチャートを考え、思い描いたとおりに、帳票が出てくるのがおもしろかった。プログラムはすべて社内開発した。何百本書いたことか。

コンピュータ会社の人からは、我々ふたりが書いたプログラムは三億円（だったか）ぐらいの価値がありますよ、といわれた。

コンピュータを導入したとはいえ、毎年毎年、ひたすらタイプを打つ仕事である。

コンピュータが持ち運びできるほど、小型にならないかなと夢想した。

しかし、そういう日が来ようとは思わなかった。

そのうち、コンピュータ会社の営業やシステムの人間が、ノート端末を持ってきて、それで説明するようになった。

やがて、一人一台にラップトップ・コンピュータがあてがわれる時代になっていったのである。

じり貧を運命づけられた商売

ところで、洋書輸入という商売の決定的な弱さは、原価が本に記載されていることである。原価のわかる商品など、あまりほかにないのではないか。

業者は当然それにマージンを乗せる。いくら乗せているのかが、まるわかりである。それゆえ、協会で一応の換算率を決め、大学側と交渉するのである。

ふふ、客と交渉して売値を決める商売がほかにあるかね。だから何回も問題になった。新聞だねにもなり、叩かれた。

やがて、アマゾンという黒船がやってきた。

しばらくは大丈夫だったが、そのうち若い先生たちが、どこの国の法律書であれ、直接アマゾンに発注するようになった。それはそうだろう。

どの業者もこの波には太刀打ちできなかった。

海外古書の数千万円するコレクションに頼るわけにもいかない。若い先生たちが昔の本など読まなくなったらしい。

それに研究者垂涎《すいぜん》の出物（有名法学者の蔵書など）がいつもあるわけではない。

それからは没落の一途である。


洋書業界など、元々でかいパイのある業界ではない。

日本の出版業界の総売り上げは、全国にある本屋さん全部の売り上げを加算しても、トヨタ一社の売り上げに及ばないと聞いたことがある。

ましてや日本の洋書輸入業の総売り上げ額など、推して知るべきであろう。

出版は伸びる可能性があるが、洋書輸入はじり貧である。これから伸びる可能性はゼロである。

さらに日本経済の低迷もあって、大学図書館の予算も減少した。文部科学省からの助成金には、業者たちがハイエナのように群がっていたが、それも減少した。

国立大学も独立行政法人化され、国に依存することができなくなった。

それにお客さんにとっては、業者に頼むメリットもなかった。アマゾンに頼めば、処理が早く、荷物の到着も圧倒的に早いのである。

わたしが退職後、勤めていた会社の自社ビルは中国資本に買われ、現在、中華料理屋になっている。一回も食べに入ったことはない。

会社は大手の専門出版社に吸収された。

けれど不思議なことに、社名だけはいまでも存続している。

貧すれば荒《すさ》ぶ

わたしが一番気力横溢《おういつ》していたとき、会社のなかで、おれができることは二人分でも三人分でも、なんでもやるぞ、と覚悟を決めたことがある。

当時、札幌出張所（といっても、社員一人、アルバイト一人）に赴任していたN氏に、おれはスーパーマンになります、と書いたほど、やる気に燃えていたのである。

この会社はいい会社だが、唯一の欠点は、給料が低いことだ、と思っていた。だから将来、もしおれが社長になるようなことになったら、大企業並みの給料を払うことができる会社にしよう、と考えていた。

会社の規模は零細でも、給料をそこまで出せれば、自分の会社に誇りが持てるだろう、と思ったのである。


わたしは「大」「高」「多」に憧れたことはない。

いや、引け目はなくなったとか、憧れはなくなった、というべきである。

大企業、有名大学、高学歴、に引け目や憧れはない。人がそういうものに劣等感を感じたり、引け目を感じているのも好きではない。

多量もどうでもいい。車や時計を何台持とうが何個持とうが、つまらんことである。所詮、全部他人が作ったものである。

テレビに出てるだけの有名人に、人は畏れ入るが、普通に見れば、ただの男であり、ただの女である。

金は人生の目的にはならない。

しかし会社の給料だけはべつである。自分ひとりなら、質素な生活は苦でも嫌でもないが、家族となると厳しい。

金の恨みだけは味わいたくないのである。

とはいえ、薄給ではあったが、勤めていた会社のおかげで、ここまで食べてこられたのである。そういう意味で、基本的には満足すべきである。


会社にも世代交代の波が押し寄せていた。

わたしの良き会社員生活もここまでだった。

若い世代が増えてくると、理屈のための理屈をこねるやつが増えてきた。パソコンに精通するやつもいて、知識を出し惜しみする。

三階と四階の連絡も電話ですればいいのに、これがより合理的だとでもいうように、メールでやりとりをするものが出てきた。

会社の業績は回復不能なまでに悪化した。責任の押しつけあいが始まり、会社はばらばらになっていった。


会社を辞める一、二年ほど前から、当時の社長（元札幌出張所のN氏）から、次期社長を頼むよ、ということをいわれていた。

だがわたしの勤務態度はひどかった。

それまで趣味で書いていた原稿が、四十歳頃から本になるようになったのである。最初は数年に一冊といった程度だったのが、五十代後半あたりから、一年に数冊出るようになった。

わたしは吉本隆明さんの、好きなことをやるのは二十五時間目以後、というのを肝に銘じていた。

なんといっても、わたしは会社員である。

あくまでもこっちが主であり、原稿書きなどは副にすぎない。それが逆転することは絶対に許されない。

が、そのタガが外れた。

ひどいときには、ほぼ毎日午後出勤になってきた。

どんな弁明も言い訳も通用しない。

スーパーマンどころか、不良社員になりさがった。仲のよかった先輩のTさんからも、「もうかばいきれんぞ」と見放されるザマだった。

定年になる半年前、わたしは会社を辞めた。

もう海外（旅行）への憧れは一切ない

学生時代に、十か月のヨーロッパ旅行をした。

海外への憧れは、高校生時代からあった。

図書室で見た海外旅行の本に出ていた、クラブで踊るデンマークの少女が好きで、何回も見に行ったことを覚えている。

大学三年のときに一年間留年をして、シベリア経由でヨーロッパに行った。

帰りの航空チケットは持っていなかった。

スウェーデンで一か月間、皿洗いのアルバイトをして、帰りの運賃代を稼ぎ出し、ヒッチハイクでヨーロッパを回った。

帰りはトルコからインドのカルカッタ（コルカタ）まで、現地のバスを乗り継いで帰ってきた。一九六九年頃はそういうことが可能だったのだ。

所持品はパンツからカメラまで売れるものはすべて売り、キャセイパシフィック航空で、カルカッタから香港を経由して、大阪にやっと着いたのである。

今度行くときは、大名旅行をするぞ、と思った。


それから三十年後、会社の出張でヨーロッパに行くようになろうとは、入社した当時は考えもしなかった。

最初は先輩のSさんについて、行った。主に英、仏、蘭、独の古書店や出版社である。Sさんにいろいろ教わった。

Sさんが定年退職してからは、数年はひとりで、のちに後輩を連れて行くようになった。ひとりで行ったときは、ベルギー、イタリア、チェコ、台湾にまで足を延ばし、未知の古書を探したりした。

出張するたびに、女子社員たちから、「いいなー」といわれた。

まあそうだろうな、と思った。

初めてゴディバのチョコレートを知ったのも、一番最初に行った出張の帰りのシャルル・ド・ゴール空港だった。

定年前は、定年になったら、フランスのロワール渓谷とかドイツのロマンチック街道、イタリアのドロミーティ（ドロミテ）に行ってみたいものだ、などと、金もないくせに夢想していたものだ。

身の程知らず、ということはあるものである。

だが出張に何回も行くうちに、こっちが歳をとってきたのもあるだろうが、「海外」にほとんどなんの感慨もなくなっていた。

パリの通りを歩いているとき、不意に、なんだこりゃ、東京を歩いてるのと変わらんじゃないか、と思ったことをはっきりと覚えている。

ちがうのは、周りが外人ばかりということだが、そんなことはうれしくもない。いったんそう思ってみれば、二時間前に空港に行くことも、搭乗手続きも、十二時間のフライトも、めんどうなことに感じられた。

起きてから寝るまで、英語を話さなければならないのも鬱陶しい。朝からなにが「グッドモーニング」だろうか。

海外志向がなくなったというより、そんなこんなでむしろ嫌になったのだ。

退職後は、海外旅行に対する一切の関心がなくなってしまった。
歳をとると、思いもしなかった心境の変化があるものだ。
そんなところに、なぜか奈良が浮上してきたのである。
それと同時に、わたしは日本をほとんど知らないことに気づいた。
それから奈良に行くようになったのである。

第3章
やっぱり人間関係は昔がよかった

わが理想郷——大分県竹田市

わたしが生まれたのは大分県佐伯市である（現在、さいき、と表記されるようだが、わたしのなかでは、さえき、である）。

しかし佐伯のことはほとんどなにも覚えていない。

四歳頃（？）におなじ大分県の竹田《たけた》市に引っ越したのである。そこで幼稚園に通ったことは覚えている。近所にH家のマー坊ちゃんという子がいた。

毎朝、コーちゃん、この子をまた連れてってね、とお母さんがマー坊ちゃんを我が家に連れてきていたのである。

マー坊ちゃんは人見知りの子だった。

が、わたしはかれと仲良しになり、しょっちゅう遊んでいた。

わたしは竹田で小学三年までの五年間をすごした。

いまから七十二年前のことである。

そこで生まれたわけではないし、たった五年しか住んでいないのに、竹田が一番懐かしい。

魚町《うおまち》という通りに住んでいた。

一階の表半分は父が支部長をしていた保険会社の事務所で、奥の間と二階が住宅だった。

家は魚町の一角にあった。

その左の道の坂を下っていくと、川に突きあたり、そこを右折して川沿いに歩いていくと（距離はどのくらいあっただろう）、竹田小学校があった。

校庭の入り口のところにでかい樟《くすのき》があった。

通称どんどんという川で泳ぎ、広瀬神社では相撲をとり、岡城址にもよく行った（これもいまは「岡城跡」というようだが、わたしにとっては、あくまでも「岡城址」である）。

竹田駅の背後は崖山になっていて、その上の森のなかで遊んだ記憶がある。

いつなにをするにも、わたしとマー坊ちゃんとイクちゃんとゴトーの四人だった。山のなかで、隠れ家を作った。岩の上から転げ落ちたこともある。

町が一番活気づいたのは、夏祭りのときだった。

町内ごとに神輿を担ぎ、子どもたちは「チョーサじゃ」と叫びながら、太鼓を叩いて、市内を練り歩いた。

「チョーサ」とはなんだったか、わからない。町祭？

夕方には、魚町通りの端から端まで、道の真ん中に長テーブルと長椅子をずらーっと並べて、酒盛りがあった。

当時は魚町全員の一体感があった、とまではいわないが、ある程度の一体感はあったと思う。保険会社の支部長をしていた父親は、仕事柄交際範囲が広く、母も遠く離れた商店の人たちとも交流があった。

わたしたち兄弟は、隣の久保菓子店のお姉さんとおばあさんに可愛がられた。店にのべつに入りびたり、とくに可愛がられた三男は夕飯までいただいたりした。

町内の子どもたちも、年上の人は十八歳くらいから、わたしたち小学校低学年の子までいて、仲がよかった記憶がある。

いまでも下町の商店街や、田舎町の商店街などでは、市民同士や町民同士のそのようなまとまりはあろうかと思う。

わたしにとっては、町民同士の和気藹々の雰囲気を感じることができた、唯一の経験だった。


しかし竹田では、なにぶん子どもだったので、町の細かいことは覚えていない。瀧廉太郎の旧宅や武家屋敷や、名物らしき魚の頭料理などは知らなかった。豊後岡藩の城下町ということも後年知ったのである。

しかし、それでいいのである。

現在は観光に力を入れているようだが、観光地としての竹田に、わたしは興味がない（「竹楽」というイベントで、町中を、竹灯籠の燈《あかり》で盛り上げようとしている）。

竹田の人には申し訳ない。

けれどわたしの竹田は、およそ七十年まえの竹田なのである。

魚町通りの駅よりのところに明治以来つづく「友修」という料理屋があり、死んだ兄はしきりにその名をいっていた。

家族は竹田のあと、大分市に引っ越した。

それ以来、わたしは一度も竹田に帰っていない。

もう行くこともないか、と思う。

大分市も記憶ということでいえば、竹田より濃密な記憶があるが、町全体の記憶としては竹田のほうが断然上である。

都会というのはひ弱な記憶しか残さない。

いま竹田は、水の町だという。家族で行った、入田《にゅうた》という町の川の水が冷たかったことを覚えている。

司馬遼太郎の『街道をゆく』で、司馬さんには竹田を通ってほしかった、というないものねだりの気持ちがある（大分県北部の「中津」には行っている）。「ブラタモリ」でも、竹田に行ってくれんかなあ、と願ったものだ。

昔の学校では、いじめはなかった

わたしは小学一年から中学一年までは大分の学校で、中二、中三は佐賀県、高一と高二は広島県、高三は長崎県の学校に行った。

一九五三年（昭和二十八年）から一九六五年（昭和四十年）までだ。

わたしの記憶では、小中高を通じて、学校でのいじめは一回もなかったように思う。

都会の学校ではあったのかもしれない。

そんなに多くはなかったが、個人同士のいがみあいや、不良の弱いもののいじめは当然あった。しかしそれでも、執拗ではなかった。

ましてや小学生や中学生が自殺に追い込まれる、なんていう事態は、考えたことすらない。当時のわたしに、「自殺」という概念はなかった。


いつの頃からか、いじめが社会問題になった。

なぜそういうことが増えたのか、わからない。

以前は、知らなければならないと思い、いくつかの事例を詳しく調べたりした。

しかし、わたしはいじめの事件を、もう知りたくはない。知ったところで、なにもわからないし、どうすることもできず、ただ悲惨すぎるだけである。

小学生や中高生の自殺があることが信じられない。

平気で人をいじめたりすることができるのか、まったく理解できない。

一九七〇年（昭和四十五年）代から、いじめは増えたといわれる。

なにかが変わったのだろう。

七〇年代に、国民の九割は自分を中流だとみなすようになった。そういう時代があったのである。いわゆる一億総中流社会だ。

そのことと、なにか関係があるような気がするが、よくわからない。

無理に要因らしきことをいくつか挙げてみたところで、意味はない。それらが正しいかどうかわからず、正しくてもなんの役にも立たない。

当時の日本あるいは日本人は、物質的な幸せを得たのだろう。

そして、代わりに、なにかを決定的に失った。

「いじめ」はたぶん、その代償だ。その変化は、めぐりめぐって、子どもたちに現れたということなのだろう、という気がする。

五十年後のこんにち、いじめは減るどころか、増えつづけている。

この社会のなにが変わったのか、さっぱりわからない。

一億総下流社会になったような気がするが、人々の心のなかでなにが進行しているのか、だれにもわからない。

昭和四十年代までの昔はよかった、といってもはじまらない。

だれもわからないまま、いじめはなかったのであり、現在、だれもわからないまま、いじめが頻出しているのだ。

なにが腹が立つといって、弱いものいじめをする人間ほど、腹の立つものはいない。

弱いものをいじめて（いたぶって）平気な人間がいることが、信じられない。

国も組織もおなじだ。

学校でも、社会でも、ウクライナでも、ガザでも、ミャンマーでも、ウイグルでも、おなじだ。

弱いものがいじめられる姿を見ることに、堪えられない。

見て見ぬふりをして、生きていくのはきつい。

見て見ぬふりじゃなく、最初からもう見ないで、罪悪感を抱えながら、いや、その罪悪感も振りはらって、生きていくしかないのか。

いつの間にか屈託を抱えた

小四で大分市に転校した。

春日小学校という小学校に行ったが、五年のとき、転任してきた沖縄出身の幸地《こうち》先生が剣道部を作り、わたしは五年六年と所属した。

先生は小学生相手に、ときどき真剣を持ってきて、初歩的な居合抜きを教えてくれたりした。先生の左手の親指と人差し指のあいだに、納刀のときに切った傷がいくつもあった。

この部も気持ちよかった。

母が作ってくれたうす紫色の竹刀袋に入れて竹刀を持ち歩くのが、誇らしかったことを覚えている。

中学は王子中学というところに行った。

この一年のときのクラスがまたよかったのである。学校が楽しかった思い出は、このときの一年間だけである。

なんの屈託もなかった。担任の牛島先生もよく、わたしは小中高を通じていじめられたことは一切ないが、王子中学一年のこのときのクラスほどよかったクラスはない。

しかし、そのクラスは一年で終わった。

中学二年で、佐賀県の伊万里中学に転校したのである。

この転校は猛烈に嫌だった記憶がある。

大分弁は愛媛や高知と親近性のある「やっちょるき」言葉で、福岡、佐賀、長崎の「よか」言葉とはまったくちがうのだ。

伊万里でもそれなりに仲のいい友だちはできたが、それでもこのあたりから、友人付き合いに屈託を覚えるようになった気がする。

それ以来、わけのわからない屈託が解けることなく、ここまできた。

人間関係が苦手ということが、友情を希薄にしているかもしれない。

威張っていうことではないが、わたしは友だちが少ない。

が、卑下することもない。

親は、子どもに友だちがいないと心配になるだろう。

まどみちおに「一年生になったら」という詩がある。一年生になったら友だちが百人できるかな。もしできたら、富士山の上で百人でおにぎりを食べたい、百人で日本一周をしてみたい、百人で笑いたい、といったような詩である。

あの有名な「ぞうさん」もそうなのだが、まるで子どもを舐めたような詩である。子どもや親をざわつかせるだけの、ふざけた詞だというほかはない。

友だちは多いほどいい、といいたいのか。

友だちが多い人間は、交際上手の明るい人間で、友だちがすくない人間は、ネクラでだめな人間ということか。

子どもや子を持つ親に、余計なプレッシャーを与えることになったのではないか、と思われる。

わたしはといえば、各学校でわりと友人はいた。

勤めているときも、それなりに付き合いはあったのである。

が、人付き合いが好きか、というとそうでもなかった。

定年になると、付き合う人間の数は減った。元々少ないうえに、減ったのだから、激減といっていい。

現在はもっと減って、全国に数人である。

それでなんの問題もない。だから、一年のうちに、だれかと会うということはほとんどないのだが、それでいい。十分である。

最近は友だちなど、いなくていいという人が増えていいことである。

わたしはいらないとは思わないが、無理に作ろうとも思わない。とくにじいさんになってからはなおさらである。

それにわたしは友情には希薄かもしれないという意識がある。

世間ではほんとうの友情があるというような話をきく。スポーツ選手に多いような気がしている。

日本の男子バスケットボールをこれまで支えてきた選手たちを描いたＮＨＫの番組を見た。佐古賢一氏とその仲間たちの友情が熱かった。

山中伸弥氏と平尾誠二氏の友情も、傍目には羨ましいような関係であった。

わたしはけっこういい加減な男である。

友人甲斐のない男かもしれない、と思わないでもない。

いまさら、そんなことをいってもどうしようもないが。

もっと早く気づけよ、という話である。

好きなことだけやって、自由に生きる

大人も子どもも、男も女も、自由に、もっと気楽に生きていけないものか。

ニュースは見ないと思っても、日々、殺人だの強盗だの傷害だの、誹謗中傷だの、恨みだの、報復だの、といったニュースが漏れ出てくる。

人はこんな世界で生きていかなければならないのである。

七十七年間、曲がりなりにもここまで無事にこられたことが、奇跡にも思える。

神の目で、上空からわたしの半生（まだ半生とは、図々しいけど）の軌跡を、生誕の瞬間からこんにちまでを辿って見てみれば、「わ、危ない。危うく死ぬとこだったぞ」とか、「こいつはうまくすり抜けているなあ」といった場面が、数多くあったにちがいない。

その反対に、「ああ、もったいない。絶好のチャンスだったのに、どんくさいやつだ」といったことも、数は少ないだろうが、あったかもしれない。

現在、老いも若きも、「楽しく」生きよう、という。

まるで、それが人生の目的であるかのように、「楽しもう」と。

だって、人生は一回かぎりなんだから、思い切り楽しまなければ、損じゃん。

だれの心のなかにもある考えだと思う。

わたしもできるだけ「楽しく」生きたい。大賛成である。反対するものなど、いるはずがないのである。

しかし、言葉にして口に出していえば、なんかだ嫌な気分にならないだろうか。

わたしは、なるのである。

「人生は一度」だから、「楽しまなければ」ば、「損」じゃん、という三語すべてに対して。

この三語はものすごく、余裕のある言葉である。

世界には、こんなあたりまえのことがいえない人々がいるのである。

かれらに対して失礼だ、というのではない。

そう思うのなら、そう思って、生きていけばいい。

無事に生きていくことは、ある意味奇跡的なことだ。生まれる国、生まれる地域、生まれる家族、生まれる時期、これらすべて偶然の環境が、すなわち運・不運が決定的に作用しているのである。

だからこそ、「楽しく生きよう」というのだろう。

だったら、ひとりでそう思って生きていけばいいと思う。

人は与えられた環境のなかで、最善を求めて生きていけばいい。最善の友、最善の場所、最善の人、最善の生き方。

この愚劣な世界のなかで、最善を求めて、最悪をすり抜けていくのである。

なにが最善か、わからない。

だから、これが最善だろう、というのを「求めて」いくのである。

それが次善の場合もあろう。それはそれでしかたない。

人生に目的などいらない（あってもいい）。

生きる意味などいらない（あってもいい）。

働かなくても食べていけるなら、それでもいい。

これも口に出していうことではないが、好きなことをして、自由に生きていけるなら、それが一番なのである。

好きなことをして「楽しく生きる」なんか、どうでもいいのである。

クライマーという生き方

山野井泰史という登山家、というかクライマーがいる。今年六十歳か。

最近、動画配信（アマゾンプライム）で、「人生クライマー　山野井泰史と垂直の世界　完全版」（武石浩明監督、語り岡田准一、二〇二二）というドキュメンタリー映画を見て、山野井こそ働かず、人生に意味を求めず、ただ楽しいというだけで山登り人生を送っている人ではないか、と思った。

「山で生きていこうなんていうふうに思ったことはないよ、一度も。（略）もうずーっと半年後あれ登りたい、一年後あれ登りたい、そのためには何をしたら、どういうトレーニングをしたらいいか、それしか考えてこなかったのに、なんか知んないけど今まで生活できた、なんかいい人生歩んでいるなって思いますね」

ヒマラヤで凍傷にかかり、手足の指、合わせて十本を失った。それでも山登りが楽しくて楽しくて、という。

「ほんとに俺ってクライミング好きなんだなという、登ること好きなんだなって思うよ。いやびっくりするくらいにほんと登ったり、山登りをするぐらい、好きなんですね、俺ね」

もう理屈なし。文句のつけようもない。

高校を卒業するとき、教師が山野井の親に、これまで全学のなかで進学も就職もしなかったのは、山野井だけといった。

山野井は、山で生きていこうと考えていたのではない。みずから述懐しているように、ただ今度はどの山に登ろうか、そのあとはどの山に登ろうかと、考えていただけである。

すごい。

そういう生き方を、他の人間が憧れなくても、「俺は憧れた」という（こういうところがいいのだ）。もうそれだけ。母親も認めた。

山野井が生涯の目標としたのは、ヒマラヤ最後の課題といわれた難攻不落のマカルー西壁である。世界第五位の高峰だ。

しかし山野井は一九九六年、三十一歳のときに挑み、敗退した。

二〇一一年、ソロクライミングから引退した。四十六歳だった。なぜもうソロは無理だと思ったのかという問いに、山野井は考え込み、

「一人で登る孤独にもうなんかちょっと耐えられそうもなかったかなあ、なんだったのだろう。あの強い孤独感っていうのは、ほかのスポーツっていうか行為であるのかな。あんなことって、あんな孤独感って」といった。

山野井泰史は山だけである。すべてが山。

二〇二一年、登山界で最高の栄誉とされる「ピオレドール生涯功労賞」が、アジア人で初めて贈られた。

ラインホルト・メスナー、ダグ・スコット、ヴォイテク・クルティカ、ジェフ・ロウ、アンドレイ・シュトレムフェリら錚々たるレジェンドと肩を並べたが、このニュースは日本で報じられたのか（私はこの映画で知った）。

山野井がテレビやニュースを見ているとは思えない（家にテレビはなさそうだ）。

社会や世界に興味があるとは思えない。それでなんの問題もないのだ。

かれは定職に就いたことはないはずである。

どうやって生活費を稼いでいるのか、知らない。余計な詮索だが、講演、寄稿、アルバイト、そしてたぶんスポーツ用品店のアドバイザーなどだろうと思う。

親からの援助はまったくない。

かれのように生きることはできないが、「なんかいい人生」である。

若い人が死んでしまった

この映画を見た矢先、ふたりの著名な登山家の死が報じられた。

二〇二四年七月二十七日、パキスタンにある世界第二の高峰K２（八六一一メートル）でふたりの日本人が滑落した。

いずれも山岳カメラマンでクライマーの平出和也と中島健郎である。平出は四十五歳、中島は三十九歳だった。

第一章で、喜寿で亡くなった人のことを記した。

人間界のしきたりや慣習で、自分の年齢を基準に同年生まれの人の死や、同い年の人の死や、今年亡くなった人などに興味を持つが、意味のないことだ。

死に関して気づくことは、全然若いときに死んでいる人が多いのだなあ、という事実である。つまり、人の死亡年齢には意味がないということである。

逆にいうと、人は死亡年齢にしか興味の持ちようがないのである（あとは死因）。だから「若かったね」といい、「大往生だ」という。

わたしは以前から、こういういい方に違和感があった。無意識のうちに、死亡年齢の相場というものを前提にしているように感じられたからである。

わたしは、二十九歳で死罪となった吉田松陰の、何歳で死んでも、その人生には、それぞれに豊かな春夏秋冬という「四時《しじ》」（あるいは、しいじ）があるのだから、嘆くことはない、という死生観に魅かれる。

といって、それでさっぱりと悟っているのではない。

人間の感情はまた別物だが、それでも死はその年齢で完璧だと思いたい。

平出和也氏と中島健郎氏。

このふたりなら、わたしは「NHKスペシャル」やTBSの「情熱大陸」などでよく見たから、知っている。とくに坊主頭で人懐っこい笑顔の平出は、印象深い。

ふたりが所属する登山用品販売の石井スポーツによると、ふたりはK2西壁を登山中、約七五〇〇メートル地点で滑落した。

ヘリコプターのパイロットがふたりの位置を確認したが、着陸はできなかった。地上からの救助も難しく、やむなく救助活動を断念したという。

アルピニストの野口健は、「山で仲間たちが遭難する度に感じるのはその人数分だけ老いていくような疲れ。悲しみ以上に虚脱感に襲われます」と哀悼した。

平出和也は、優秀な登山家に贈られる「ピオレドール賞」を過去に四度受賞している。田中陽希のNHK「グレートトラバース 日本百名山ひと筆書き」シリーズにもカメラマンとして参加した。

中島健郎も「ピオレドール賞」を三度受賞している。日本テレビの「世界の果てまでイッテQ!」のイモトアヤコ・エベレスト登山企画にも参加していた。

懐かしの奈良へ

わたしは定年後、毎年夏と冬の二回、五日間の日程で奈良に行くようになった。最初から、毎年行くことにしようと考えていたわけではない。

奈良は母親の故郷である。

子どもの頃から、「猿沢の池」という言葉は何回も聞いていた(考えてみれば、聞いたのはその地名だけである(大仏や鹿など聞いた記憶がない))。

奈良には母親の兄(義兄? 母の家族は複雑だった)が住んでいたから、竹田から(大分から?)、家族で二回ほど行ったことがある。しかしほとんど記憶がない。

近くの線路に兄と一緒に大きい釘を並べて、あとで警官が調べに来た、と聞いた。釘がぺしゃんこになるのがおもしろかったようだが、うろ覚えだ。

奈良はわたしの故郷でもなんでもないのに、十五年ほど前に行ったときは、なんだか懐かしかった。

猿沢の池のほとりに佇《たたず》んだときは、ある種の感慨があった。

東大寺の二月堂の裏参道の長い坂道が好きだ。

十五年まえの奈良は、街並みにしろ店にしろ、ださかった。

しかし、それがよかった。

バスがガラガラなところもいい（車内アナウンスで「にぎり棒」におつかまりください、というのは、奈良独特か。「てすり」といえばいいではないか。びっくりしたわ、「にぎり棒」って）。

広大な敷地のなかを近鉄線が走る、復興途中の平城京（当時は朱雀門だけ）もよかった。

東大寺を除けば、こじんまりした寺が多いところもいい。

法隆寺、興福寺、唐招提寺、薬師寺、長谷寺、室生寺、どこもいい。

奈良に行くようになってから、姫路、金沢にも行った。

あとは平泉だ。

第4章
やっぱり小説も映画も昔がよかった

わたしが好きな作家は、みんなじいさん

正直にいうと、時代の雰囲気や働き方などより、文化的なものが、昔のほうが圧倒的によかった、と感じている。

むろん、社会の諸相や、時代の風景や、人と人の交わり方、などの在り方は大切だが、記憶のなかで美化されていることは否めない。それに一々具体性に欠ける。

文化というとおおげさだが、そのうちの日常的な一部、つまり小説や映画や音楽などのことである。

それらだと、作家名や作品名を具体的に挙げることができる。

監督名や俳優名や作品名を挙げることができる。

歌手名（作曲家や作詞家）や曲名を挙げることができる。

これらの具体性は、知っている人のあいだでは共有されるだろう。

章題に小説、映画と並べたが、一番好きなのはもちろん小説である。

小説と書き、文学とは書かない。

小説といっても、ハードボイルド（最近ジャンルが複雑になっているが、ミステリーでも警察小説でもいい）の類である。時代小説も読む。

もっとも避けるのは、恋愛小説である。映画もおなじである。

学生時代は、大概の例にもれず一応、文学派だった。

読んだのも昔の作家ばかり（というわけでもないが）で、漱石、鷗外、龍之介、梶井基次郎、泉鏡花、太宰治らである。

ただし恰好だけ。心から好きなわけではなかったのだ（それでも今でも本屋で、中公文庫の橋川文三『三島由紀夫』を見かけたりすると、つい手に取ってしまう）。

その辺の詳しいことは『定年後に読みたい文庫１００冊』に書いたから、ここでは繰り返さない。

ハードボイルドで最初に好きになったのは、ロバート・Ｂ・パーカーの私立探偵スペンサーシリーズだった。

なんといっても、主人公のスペンサーがよかったのだ。

だがパーカーは二〇一〇年に亡くなった（もうそんな前になるのか）。

一九三二年生まれで、亡くなったときは七十七歳だった。

そう、わたしが好きだった作家は、ほぼ中年以降の作家が多かったのである。

そのあとに好きだったのは、「ボブ・リー・スワガー」シリーズ（ファンからはスワガー・サーガともいわれる。長大な叙事詩）のスティーヴン・ハンターである。

つい、好きだったと書いたが、かれは存命している。

スワガー・シリーズが事実上終わってしまったので、過去形になってしまった。

かれは一九四六年生まれで、現在七十八歳。

大傑作の「フロスト警部」シリーズの著者であるR・D・ウイングフィールドは、二〇〇七年に亡くなっていたことが判明した。一九二八年生まれで、七十九歳だった。

現在、健筆をふるっているのは、「ボッシュ刑事」シリーズのマイクル・コナリー（一九五六年生、六十八歳）、スティーヴン・キング（一九四七年生、七十七歳）、「大聖堂」シリーズのケン・フォレット（一九四九年生、七十五歳）である。

ジェフリー・アーチャーは一九四〇年生まれの八十五歳だが、驚いたことに、かれはまだやる気満々である。

それに比べてドン・ウィンズロウは一九五三年生まれの七十一歳だが、残念なことに『終の市』を最後に、小説を書くのをやめてしまった。

もうひとり、「ジャック・リーチャー」シリーズのリー・チャイルドがいる。かれは一九五四年生まれの七十歳である。

わたしが好きな作家は、みんなほぼじいさんか、完璧なじいさんで、昔の人なのだ。かれらの本にはほんとうに堪能させてもらった。

それにしては、よくもこれだけの錚々たるメンツが揃ったものである。

ただ、これらの年代の書き手と読み手は、かれらが先か、わたしが先か、という生存レースに入っている。

日本には北方謙三がいるが

わが日本には、北方謙三がいる。

かれも昭和二十二年（一九四七年）生まれ。喜寿である。

かれは現在、最後のライフワークに取り掛かっている。ライフワークのテーマは「元寇」だという。また「クビライ」とかが出てくる。なんだか『チンギス紀』の延長のような。

『チンギス紀』はわたしが完読できなかった、唯一の長編である。全十七巻のうち、あと二、三巻を残して、耐えきれずにやめた。

新作の題は『森羅紀』である。

二〇二四年十月号の文芸誌『すばる』に第一回が掲載された。

最終回になるまで何年かかるのか知らないが、それにしても、北方の情熱は驚嘆に値する。

こんなおざなりの一言では到底済まされないような、すさまじさである。

わたしはその点では、真に尊敬している。

しかもかれは手書きだ。

わたしには北方三国志のすごさの記憶が残っている。

現代ハードボイルドで行きづまり、多くの現代作家がやるように、ついに時代物に手を出したなと、最初はちょっと小バカにした目で見ていたのだ。

それがとんでもなかった。

ひっくり返ってしまうようなほどの、出来栄えだったのである。

そのあとの『水滸伝』（全十九巻）も、『三国志』（全十四巻）に勝るとも劣らない出来だった。『楊令伝』（全十五巻）、『岳飛伝』（全十七巻）も傑作だった。『チンギス紀』だけがだめだったのである。

今度の『森羅紀』の第一巻を単行本で読めるのは、今年のいつ頃になるのか。


もうひとり、アメリカ人の作家を忘れていた。

感動的な「トーマス・マクマートリー」教授・弁護士シリーズの四冊を書いた、ロバート・ベイリーである。

しかしかれの年齢がわからない。

かれのホームページには著者写真とビデオがあるのだが、生年は記されていない。見た感じ、まだ五十代だろうか。

小説は単純なものでいいのだ——西村京太郎を読んでみた

ある日、図書館の検索機で、S・A・コスビーの『黒き荒野の果て』を探していた。するとどういうへまをしたのか、西村京太郎の著作一覧が出てきたのである。うそみたいだが、ほんとうである。

あらら、と思いながらも眺めていると、『十津川警部　出雲 殺意の一畑電車』（祥伝社文庫、二〇一九）というタイトルが目に入ってきた。

「一畑電車」にはちょっとした思い入れがある。

なにかがきっかけで、島根にあるこの電車のことを知った。何年か前には、中井貴一主演の「RAILWAYS　49歳で電車の運転士になった男の物語」という映画を見ておもしろかった記憶があったのである。

この映画の舞台が「一畑電車」だった。

西村京太郎の本はそれまで読んだことがなかった。

好きな海外作家が少なくなってきたこともあり、これを機会に、西村京太郎を読んでみようかと思った。

吉本隆明が終戦直後、しちめんどうくさい本が嫌になり（?・）、山手樹一郎《やまてきいちろう》を読んでいたことがあるという話を思い出し、それに倣ったということもある。

それで、借りてみた。

この本は二〇一九年に刊行された文庫だが、西村京太郎の略歴に「昨年、米寿を迎え、著作六三五冊を目指す国民的推理作家」だとある。

すごいものだ。

米寿とはもちろん八十八歳のことだが、その歳で「六三五冊を目指す」！（しかしいま調べてみると、西村京太郎は、二〇二二年三月に九十一歳で亡くなっている）。

ところで、その小説のなかにこういう一節がある。

刑事二人が捜査の途中で出雲そばを食べる場面があるのだが、そのそばの描写はこうである。

「普通のそばよりも、やや、色の黒い、硬めのそばである。三段重ねになっていて、それに上から、汁をかけて食べていく」

わたしは驚いた。

この本を読んだ前日に、ＢＳ－ＴＢＳで「麺鉄～メン食い鉄道 絶景の旅」という番組（山陽本線・山口線・山陰本線編）を見ていたのだが、その番組で市川紗椰が出雲市駅で、この三段重ねのそばを食べていたのである。

市川が食べたそばは、赤く丸い器の三段重ねに入っており、一段ごと上から汁をかけて食べるのである。

三段はいらん、おれなら二段で十分だ、と思ったそのそばが、翌日、西村の小説のなかに登場したのである。

すごい偶然だが（わたしにはこういうことがしばしば、ある）、だからなんだということもない。わたしひとりが愉しんでいるだけである。

西村京太郎の小説のことである。すこしおもしろかった。

だいたいこれだけ何百冊も書きつづけ、テレビドラマや映画にもなっているくらいだから、おもしろくないわけがないのだ。

最近の推理小説やテレビドラマは無理やりに複雑にしていて（それだけ齟齬も目立つ）、筋を追うのが面倒である。

歳をとって、もうそういうのがおっくうである。

テレビドラマは「鬼平犯科帳」や、「科捜研の女」「相棒」などの再放送を見るようになった。なにも考えずに、楽に見られることがいいのである。

『出雲 殺意の一畑電車』のあと、当てずっぽうでもう一冊『十津川警部「裏切り」』（中公文庫）を借りた。


現代ミステリーが西村京太郎なら、時代劇は佐伯泰英である。

かれは昭和十七年（一九四二年）生まれの、八十二歳である。

ただ佐伯にはいい思い出がない。

佐伯が大人気だった頃（いまでも大人気なのだろうが）、どこがおもしろいのだろうと、適当に一冊を読もうとしたのだ。

主人公が豊後岡藩の出身ということで、おお、わたしが育った大分の竹田市のことではないか（城は岡城だ）と期待して読み始めたのだが、それ以外に特段の魅力がなく、やめてしまった。

今回、西村京太郎に味をしめて、再度、佐伯泰英に挑戦してみることにした。

『祇園会《ぎおんえ》　新・吉原裏同心抄（四）』（光文社文庫、二〇二一）を借りた。この主人公も豊後岡藩の馬廻り役だったが逐電し、いまは吉原裏同心。

これが予想外におもしろかったのである。

が、裏表紙に「慟哭必至のラスト！」とあるので楽しみにしていたのに、筋が終わらない。つまり、ラストがないのだ。

なんだ、次回作につづくのかと思ったら、（四）が二〇二一年に出てるのに、四年後の現在、次の（五）が出てなさそうなのである。

これは、いかんのではないか。

あらためて、『密命』か、吉原裏同心シリーズの⑴『流離』から再出発することにする。

S・A・コスビーとC・J・ボックス

と、そんな寄り道をしているときに、新しい作家をふたり見つけたのである。

そしてこのふたりが、願ってもないほど強力だったのだ。

S・A・コスビーとC・J・ボックスである。

ちなみにコスビーは一九七三年生まれの五十二歳、ボックスは一九五八年生まれの六十七歳である。ふたりともまだ若い。

コスビーの本を読んだのは、ある人が、かれの『頬に哀しみを刻め』（ハーパーBOOKS、二〇二三）を送ってくれたことがきっかけだった。

これがひどくよかったのだ。

申し訳ないが、西村京太郎や佐伯泰英などを読んでいる場合ではない。

読みかけていた『十津川警部「裏切り」』は中断した。

コスビーは一作ごとに書くものはちがう。

『黒き荒野の果て』（ハーパーBOOKS、二〇二二）もすごいものであった。すっかりファンになってしまった。

このあと、『すべての罪は血を流す』（ハーパーBOOKS、二〇二四）も読んだ。

わずか三冊だが、すごい実力を備えた作家である。

さてC・J・ボックスである。

よくこんな作家が残っていたものである。そして、この作家を知らないまま、よくもこれまできたものだと思った。

ワイオミング州猟区管理官ジョー・ピケットが主人公で、シリーズものである。

この男がひどくいいのだ。

主人公はジョー・ピケットだが、のちに盟友になる鷹匠のネイト・ロマノウスキが脇の主役である。またこのコンビもいい。

ジョーは、リーチャーのような無敵の男ではない。

射撃は下手くそで、自信がない。相手から普通に殴り倒される。無敵ではないという意味で、極力普通の男として描かれている。

が、もちろん普通ではない。やるときはやるのだ。

ジョー・ピケットはこういう男である。

「人生における自分の役割について思いにふけった。答えはすぐに出た。結論はただ一つ。自分の目的、存在理由は、いい夫、いい父親でいること、妻や娘たちに恥をかかせないことだ」(『復讐のトレイル』講談社文庫、二〇一四)

「人間を相手にするとき、おれはいつも善意を信じようとしている。おかげでさんざん煮え湯を呑まされたけれど、そのほうがいい」(同書)

ワイオミング州知事ルーロンが、いう。「きみには高潔さがあると思う」

盟友のネイトがいう。「あんたはほんとうにいいやつだな」「本気で言っているんだ」「おれは人生のほとんどを偽善者やどあほうの近くで過ごしてきた。(略)だいたいは、品性なんて爪の先ほどもなかった。だから、まだいいやつが少しは残っていると思うと、ほっとする」(同書)

こんなアメリカ人いるのか。わたしの言葉でいえば、「人間元素」だけでできた男。

他方、ネイトはこういう男だ。ジョーがネイト・ロマノウスキを、こう評する。

「自分が正義と考えるものを法のルールよりも上に置く」男(『フリーファイア』講談社文庫、二〇一三)。

「彼は(ネイト)は法律を信じないが正義を信じるとおれに言った」(同書)

「ネイトはなんでもできるよ。だが、理由もなくやったりはしない。そういう男だ。自分自身の規範を持っていて、非情にも冷酷にもなれるが、先に襲われなければあん

なことはしない。彼らのほうからネイトを襲ったのでないかぎり」(『鷹の王』講談社文庫、二〇一八)

C・J・ボックスの小説には、アメリカのハードボイルドにしてはめずらしいことに、溢れる叙情があるのだ。

「ジョー・ピケット」シリーズの第一作『沈黙の森』(二〇〇四)から十二作目の『鷹の王』(二〇一八)を読んだところで、ひとまず休止。あと『発火点』(二〇二〇)から『暁の報復』(二〇二四)まで五作あるが、あえて残している。読み終えてしまうのが、もったいないのだ(このあと我慢できずに、結局全部読んだ)。

未訳のものがまだ七冊あるようなので、まだまだ楽しめそうだ。

司馬遼太郎の『街道をゆく』に戻っていく

現在、わたしの読書の中心は司馬遼太郎の『街道をゆく』である。ここ何年間か読みつづけている。全四十三冊ある。

現在読んでいるのは『街道をゆく8　熊野・古座街道、種子島みちほか』である。しかしこれだけを読んでいるわけではない。

ミステリーやほかのエッセイ集などは、ほとんど図書館で借りるから、そちらを優先しなければならない。

それらが一段落すると、やっと『街道』に戻ってゆくことができるのである。そして戻ってゆくたびに、かならず司馬の博学に驚かされるのだ。

『街道をゆく8』に戻って、「九州には、ムレ（牟礼）という地名が多い」という文章にさしかかったときである。

いきなり『街道』のおもしろさに包まれる。

由布院から日田《ひた》へ向かう途中の玖珠《くす》盆地で、司馬はこの辺りにツノムレ城の遺跡があるはずだが、と思いいたる。ツノムレは角埋または角牟礼と書く。

そこで、大分県でムレのつく城跡は、玖珠盆地のツノムレ城のほかに、国東《くにさき》半島の於兎牟礼《おとむれ》城、竹田市の西北にある騎牟礼《きむれ》城、おなじく竹田市の矢原《やばる》にある津賀牟礼《つがむれ》城、または佐伯市の西郊にある栂牟礼《とがむれ》城などがある、と例を挙げるのである。

そこまで予備作業をしたうえで、司馬は「ムレ」という言葉は朝鮮半島伝来の言葉と推測するが、「念のため」に『時代別国語大辞典・上代編』(三省堂)を引くのである。そして文献例を挙げ、その辞典でふれられている『八雲御抄《やくもみしょう》』という「十三世紀初頭の歌学の手引書」にまで言及するのである。

そこまで来て、司馬はタクシー運転手や鈑金屋さんやタバコ屋のおばさんなどに聞き、歩き回って、ついに「鬱蒼とした杉木立」の先に城跡を発見するのである。

これが司馬遼太郎の『街道をゆく』の尽きせぬ魅力である。「ムレ」という語から、連想し、記憶を探り、一々資料文献を繙《ひもと》いて、確かめる。こちらはその都度、司馬に引き回される快感を覚えるのである。

これぱかりは全四十三巻買わずにはいられなかった。晶文社の『吉本隆明全集』は不要だが、『街道をゆく』は全巻、手元に置いておきたいのだ。

『街道をゆく8』には、「豊後・日田街道」の項目がある。

わたしの故郷、大分県である。ただわたしが馴染みの竹田は範囲に入っておらず、北の由布院、日田が主である。

まあそれでもいい。それでもいい、じゃない。どこであれ、おもしろいのだ。

やっぱり吉本隆明

吉本隆明が二〇一二年（平成二十四年）に亡くなってから（八十七歳）、わたしは急速に吉本の著作から離れた。

まるで読む気がなくなってしまったのだ。なぜだったかはわからない。わたしは生きている吉本が好きだったのかもしれない。なんだそれ？

吉本さん、やっぱり死んじゃだめだよ、という想いがあった。

昨年（二〇二四年）は吉本隆明の生誕一〇〇年だったようである。

七月に岩波文庫から『吉本隆明詩集』が発売された。帯には「吉本隆明生誕100年」とある。

こんな本が出ていることさえ知らなかった。興味がなくなっていることのひとつの証左である。

発売から一か月以上たってからなにかの拍子に、このことを知った。その瞬間、この本は今後、つねに必携すべき本になると直感した。

吉本隆明の詩集は講談社文芸文庫などからも出ている。

ただ数ある文庫のなかで、わたしは岩波文庫が一番好きである。

しかも、わたしには生涯の一冊という希望があった。

映画『野のユリ』のなかで、シドニー・ポワチエ青年がつねにジーンズの上着の胸ポケットに入れていた、豆本の『聖書』みたいなものである。

岩波文庫版『吉本隆明詩集』がそれに相当するのではないか、と思った。サイズも内容も最適なのだ（もう少し分厚くてもよかった）。

ほんとうは逆である。

好きで好きでたまらない本――おびただしい書き込みがあり、付箋をつけ、すりきれた本が、生涯の一冊になるべきである。

マラソンランナー瀬古利彦の師匠だった中村清や、最後の海軍大将井上成美《いのうえしげよし》にとっての『聖書』のように、である。

それが、わたしは、最初から「この本」と決めようとしている。

だがいいのである。

そのような本になっていけばいい。

もしそういう本になれなかったら、それだけのことだ。

わたしが悪いだけのことである。

急いで市内の本屋二か所にいったが、なかった。

しかたないのでアマゾンで頼んだ。翌日届いた。

カバーには、たぶん東洋インキに勤めていた頃と思しき、吉本青年の写真が載っていた。懐かしい。十二年ぶりの吉本さんだ（ハルノ宵子の『隆明だもの』は読んでいたが）。

表紙を外した。わたしは、裸の文庫が好きなのである。

これから必携して、ことあるごとにすこしずつ読んでいこうと思う（まだ、必携していない)。

わたしははっきりいって、吉本の詩を全部読んでいないのである。

昔の漫画がまたよかった

わたしが漫画を読み始めたのは、小学二、三年の頃だった。『少年』という雑誌を毎月買ってもらっていたが、もっぱら貸本屋で借りるのが多かった。さいとうたかを(もちろん『ゴルゴ』ではない。『黒い子猫』とか)、辰巳ヨシヒロ、K・元美津、石川フミヤスの名前はそのときに覚えた。『赤胴鈴之助』や『イガグリくん』『ストップ!にいちゃん』などの連載漫画はいまでも覚えている。

寺田ヒロオの『スポーツマン金太郎』や横山光輝『鉄人28号』もおもしろかった。

その後、好きだったのは、池上遼一(いまでも現役で活躍しているが、なんといっても『男組』)、本宮ひろ志(『男一匹ガキ大将』)、平田弘史(『三十三間堂外伝』)、ちばあきお（『キャプテン』）、ちばてつや（『紫電改のタカ』）、小山ゆう（『がんばれ元気』）、小林まこと（『柔道部物語』）、谷岡ヤスジのギャグ漫画、などである。

わたしが、多くの事に関して昔がよかった、といっても、現代の漫画と較べるなら、その人気度は比較にならない。アニメまで拡張すれば、圧倒的に日本の評判を高めることに貢献をしているのだ。

政治、経済、スポーツ、小説、映画などに較べても、漫画の影響力はすさまじい。漫画を通して、日本の食や風習や場所にたいしても、海外の関心は広がっている。驚くほどの貢献度である。

ただわたしは、現在の漫画を全然知らない。

何千万部という超ヒット作でも、絵を見ただけで読む気がしないのである。なにしろ好きな絵というものが感覚的に決まっていて、それを外れるとだめなのである。新しいところでは、福本伸行の「黒沢」シリーズと、石塚真一の『BLUE GIANT』、南勝久の『ザ・ファブル』ぐらいしか読んだことがないのである。あとは井上雄彦の『バガボンド』と『リアル』だけか。

だからわたしは、昔の漫画がいいというよりも、単純に、昔の漫画が好きだ、ということしかいえない。

映画は現在の勝ち

いまから五十数年前、わたしが学生だった頃は、名画座やアートシアターなどがあった。時代が映画の後押しをしたような、そういう時代だったのである。

けっこう難しい映画が多く、わたしは恰好をつけて見てはいた。

いまでは信じられないだろうが、ある種の映画は義務として見ていたのである。

しかしほんとうは娯楽作品が好きだった。

昔は、月形龍之介、進藤英太郎、笠智衆、佐分利信、宇佐美淳、安部徹、山形勲、徳大寺伸、など多士済々の俳優がいた。

ハリウッドにも、ゲーリー・クーパー、ジョン・ウェイン、リチャード・ウィドマーク、ジャック・パランス、カーク・ダグラスらがいた。

わたしたち年寄りは、昔の俳優を知っていることがほのぼのとうれしいのであり

(自慢ではない)、なんだか得をしている気分なのである。

現在でもトム・クルーズやジョニー・デップ(古いか)やディカプリオらがいるが、昔のような世界的俳優はいなくなった。

世界がばらばらになったのである。

人も宗教も国も、自我を主張するだけで、ただばらばらになっただけである。


映画は昔がよかったとはいえない。

まず映画を見る環境も媒体もまったく変わってしまった。

タバコの煙が立ち込めたり、前の座席に座高の高いやつが座るとスクリーンが見えなかったり、狭い座席にすし詰めにされたりと、劣悪だった映画館は、いまや比べ物にならないほど快適になった。

それに昔は、映画を見るには映画館に行くしかなかったが、いまではDVDや映画配信サービスで、家でも見られるようになった。

映画そのものも変わった。

アニメなど、ジャンルが拡大された。動画配信会社が巨額の製作費をつぎこんで映像をつくるようになった。
昔の映画にも名作はたくさんある。

だが、全体的にいえば、質量ともに現在が昔を上回っていると思われる。

ＶＦＸやＳＦＸやＣＧの技術も目を見張るものがある。

わたしが目を開かされたのは、韓国映画のなかの、一部の犯罪映画と社会派映画である。

度肝を抜かれたといっていい。

『定年後に見たい映画１３０本』（平凡社新書、二〇二一）以後に見て、感銘を受けた韓国映画を挙げておこう。

「インサイダーズ　内部者たち」「ザ・キング」「無垢なる証人」「マルモイ　ことばあつめ」「幼い依頼人」「国家が破産する日」「Ｖ．Ｉ．Ｐ．修羅の獣たち」「国際市場で逢いましょう」「ありふれた悪事」「華麗なるリベンジ」などである。

しかし俳優の名前をなかなか覚えられない。最近やっと覚えたのは、『ソウルの春』のファン・ジョンミン、ドラマ『ミセン―未生―』や『記憶～愛する人へ～』のイ・ソンミン、『権力に告ぐ』のチョ・ジヌンである。

スポーツは進化するのか？

二〇二二年にテニスのロジャー・フェデラーが引退したとき、よくいわれるように、一時代の終焉を感じた。二〇二四年十一月にはナダルが引退した。

いまやBIG3で残っているのはジョコビッチだけだ。

かれらの凋落とともに、ゴフィン（ほんとうはゴファン）、ワウリンカ、ガスケ、モンフィスらの中堅選手たちも一斉にランキングを落としている。

錦織は復調の兆しがあるものの、先行きは見えない。

ところがBIG3に代わって台頭してきた若手選手たちが、まるで魅力がないのだ。シナー、アルカラス、ズベレフ、チチパス、メドベージェフ、フリッツなどである。プレー態度（技術ではない）も人柄も、お粗末なのだ。

テニスに限らず、どの世界においても、新世代の連中たちが小粒で冴えない。

セナやプロスト、ピケ、マンセル、シューマッハらがいなくなった（日本人選手も）Ｆ１がおもしろくなくなったのも、同様の理由による。

フェルスタッペンやアロンソ、ハミルトンではいかにも力不足・魅力不足である。

子どもの頃、相撲人気はすごかった。

「黒い弾丸」房錦や「潜航艇」岩風、巨漢大起《おおだち》など、幕内の全員を知っていた。信夫《しのぶ》山《やま》、大内山、三根山《みつねやま》、安念山《あんねんやま》、成山《なるやま》、鶴ヶ嶺、若秩父など。その他、「狛犬」みたいな独特の仕切りの鳴門海、彫りの深い金剛力士像みたいな明歩谷《みょうぶだに》、尻がブツブツの松《まつ》登《のぼり》などが人気があった。

個性的な力士は少ないものの、現代では、少し前には若貴が出てきたことや、最近でも大の里や尊富士《たけるふじ》など力のある若手が出てきて頑張っている。

昨今、仕切りに厳しくなったのはいいことだが、そのわりに「はたき込み」や「引き落とし」ばかりが増えて、相撲内容が乏しいのは鼻白む。

ただ宇良や翠富士《みどりふじ》の活躍は楽しい。それに、朝青龍や白鵬がいなくなってイライラが解消した。スポーツを見て、贔屓の選手やチームが負けて、残念がるのはしょうがないが、イライラしたり不快になったりしては、見る意味がないのだ。

野球は、野茂英雄やイチローや大谷翔平や佐々木朗希が出てきて、昔にひけをとらない。むしろ個人としてのかれらの力量は、昔の選手を上回っている。だが例えば、「安打製造機」の榎本喜八や、「四〇〇勝投手」の金田《かねだ》正一《まさいち》、「神様仏様稲尾様」の稲尾和久や、「作新学院時代が最速だった怪物」江川卓に比べてどうか、は一概にいえない。

とはいえ、わたしは現在のプロ野球にほぼ関心がなくなっている。

昔、子どもの頃は、オールスターゲームが楽しみだった。セパ両軍とも錚々たる選手ばかりで、ワクワクして待ったものだが、現在でも子どもたちにとっておなじだろうか。

第5章

やっぱり音楽もテレビも昔がよかった

やっぱりわたしは昭和でできている

いまさらいうのもなんだが、昭和は、昭和元年（一九二六年）から昭和六十四年（一九八九年）一月までである。

わたしが生まれたのは昭和二十二年（一九四七年）。幼稚園の記憶はごく一部だけあるのだが、はっきりした記憶があるのは、たぶん小学校二年からである。

すなわち昭和二十九年（一九五四年）、わたしが七歳のときである。

友だちのマー坊ちゃんと、「今度の（女の）先生は鼻が丸いなあ」と話をしたのを覚えているからである。マー坊ちゃんは笑った。

したがって、わたしが知っている昭和は、昭和二十九年から昭和六十四年までの三十五年間ということになる。

七歳から四十二歳までである。

とても昭和の大半を生きたとはいえないが、半分は生きたといっていい。

わたしの脳の大半は「昭和二十年代から六十年代」の記憶で占められているのである。

その後、四十三歳から七十七歳のこんにちまで、平成・令和の三十四年間を生きていることになる。

けっして短い期間とはいえず、わたしが生きた昭和の時間に匹敵する。

だが平成時代のイメージが結びにくいのだ。

平成元年は一九八九年である。

バブルが弾け、日本の衰退元年の年である。

冷戦が終わり、ソ連が崩壊し、天安門事件が起き、ビルマの軍事政権がミャンマーと改称し、ベルリンの壁が崩れるなど、世界がばらばらになった元年でもある。

まあそんな大状況は、措いといて、と。

わたしがその間、恩恵を被ったのはインターネット――それも最小限のEメール、YouTube、検索機能――だけである。

たしかにこれは画期的だった。

けれどそれ以外は、わたしは時代とずれまくっている。

ずれまくっているのは、基本的に価値観だといっていい。

わたしの価値観の源泉は、昭和の時代が元になっている。

昭和の時代の素材が元ではあるが（家族や生育環境も入っているだろう）、そこから自分の価値観を作り上げたのは、あくまでもわたし自身である。

それがどんなものか、自分でも明言できない。

それは、好き嫌いでできている。

好きなものは、強いて一言でいえば、たぶん叙情、惻隠《そくいん》、哀憫《あいびん》である。

もうひとつ好きなことは、白洲次郎がいった「プリミティブな正義感」のようなものである。

白洲はこういったとされる。


ボクは人から、アカデミックな、プリミティヴ（素朴）な正義感をふりまわされるのは困る、とよくいわれる。しかしボクにはそれが貴いものだと思ってる。

他の人には幼稚なものかもしれんが、これだけは死ぬまで捨てない。ボクの幼稚な正義感にさわるものは、みんなフッとばしてしまう。（青柳恵介『風の男　白洲次郎』新潮文庫、二〇〇〇）

わたしは白洲次郎みたいな男である、といいたいわけではない。そんな大それたことは微塵も考えていない。正義をなすためには勇気が必要だが、わたしにはその勇気が欠けている。

その他、わたしの好きなものは、昔ながらの風景であり、自然である。嫌いなのは、人間の余計な作為や作意である。上海の金融街にそびえ立つ高層ビル群は壮観といえば壮観だが、醜悪でもある。自然を電飾の光で人工的に飾り立てたものは、好きではない。プロジェクションマッピング。あれも慣れてくると、なにがおもしろいのか。それらは、無意味の意味化であり、無価値の価値化である。意味も価値も本来は無意味で無価値なものだが、一応それらしくはできている。

けれど最近のものは、ただ目を引くだけで、それらしくもなく、いかにも無意味でバカ丸出しの無価値なものだ。

平成に入ってからの日本は、というか世界は、こういうことが顕著になったと思う。人はそれを下らんものだと思わずに、反対に、乗せられてしまう。

無意味が意味あるものに思え、無価値が価値あるものに思えてくるのは、それが金になるからである。

唱歌・童謡の名曲がもったいない

唱歌や童謡が完全に消えつつあるらしい。

絶滅危惧種という言葉は聞くことがあるが、唱歌・童謡はさしづめ絶滅危惧文化のひとつであろう。

危惧ではなく、すでに絶滅しているか。言葉に死語があり、生物に絶滅種があるのとおなじである。

唱歌は学校教育で唄われた歌だが、その難しい歌詞は、すでに「大正時代の民主化運動の流れと重なって、次第に有識者による『唱歌批判』へと発展し」た、といわれる（海沼実『正しい唱歌・童謡のススメ』ノースランド出版、二〇〇七）。

また昭和三十年代には「一部の若手作家達が童謡をビジネスとして扱うようになり、次第に過去の名作を排除しては、自分の作品を売り出すことに必死に」なった。

その結果、「新しい子どもの歌」は全然普及せず、「単に古き良き唱歌や童謡を衰退させ」ただけになった。

いつの時代にも、自分の私利私欲を大義名分で粉飾する卑しい輩はいるものである。率先したのか、後押しをしたのか知らないが、文部科学省の仕業である。

たしかに「村の鍛冶屋」の鍛冶屋も、「めだかの学校」のめだかも、いまではほとんど見ることがなくなった。「仰げば尊しわが師」の尊い先生もいなくなり、増えているのはわいせつ教師ばかりだ。「姐《ねえ》や」も「たき火」も「じゃのめ」も、現代の生活のなかから消えてしまった。

だが、細かいことは、いいではないか。

昔はそういう仕事があった、そういう先生がいた（いまでも、いるだろう）、そういう風習があった、でいいではないか（でないと、どうやって歴史を教える？）。

わたしたちだって、歌詞の意味が全部わかって歌っていたわけではないのだ。

海沼氏は、唱歌・童謡のなかには、「美しい日本語」があるという。「思いやりの心を育てる」ともいう。それは経験的には、わからない。

あるいはまた、唱歌童謡は「心の離乳食」だという。これはうなづける。

しかし一番いいのは、メロディが美しいことだ。

心が自分の幼年期に引き戻され、幼年期を呼び起こし、これ以上懐かしいことはない。

わたしの好きな唱歌は「仰げば尊し」であり「赤蜻蛉《とんぼ》」であり「里の秋」である。「たき火」「早春賦」「どこかで春が」「故郷《ふるさと》」「みかんの花咲く丘」「旅愁」「朧月夜」である。

いまでも歩いている途中にいきなり思い出し、口ずさむことがあるのだ。

宮本常一がこういっている。

「その長い道程の中で考えつづけた一つは、いったい進歩というのは何であろうか、発展というのは何であろうかということだった。失われるものがすべて不要であり、時代おくれのものであったのだろうか。進歩に対する迷信が退歩しつつあるものを進歩と誤解し、時にはそれが人間だけでなく生きとし生けるものを絶滅にさえ向わしめつつあるのではないかと思うことがある」(佐野眞一『旅する巨人　宮本常一と渋沢敬三』文春文庫、二〇〇九)

これを引いて、佐野眞一はこう書いている。

「日本の近代化が、濁った盥の水を流すため、大事な赤ん坊ごと流す愚を犯してはこなかったと言い切れるだろうか」(同書)

「男らしさ」「女らしさ」がいつの間にか禁句にされ、死語となったように、「子どもらしさ」も封殺されてしまった。

そのかわり、いまの子どもたちは、英語を習い、iPadを持ち、株式の勉強をしているらしいのである。情操のない、ろくな大人にならないであろう。

現在の小学校の音楽で、どんな歌われているか知らない。「オブラディオブラダ」とか歌っているのか。

こんなことをいっても、唱歌・童謡が復活することは、ない。

安田祥子《さちこ》・由紀さおり姉妹が歌っているのを、聴くぐらいしかできない。あるいは各地の少年少女合唱団あたりでは、まだ歌われているのだろうか。

わたしが推薦する昔の名曲

昔のほうがよかったな、それに比べて現在はつまらなくなったな、と常々思っていたのは音楽（といっても歌謡）である。

たまに耳に入ってくる現在の歌の一部は、とってつけたような歌詞と曲調が乖離している。それがだれも気にはなっていないようである。

メロディは、もさもさしているか、ヒョロヒョロふらふらしている。

「SEKAI NO OWARI」というグループが若者のあいだで大人気らしい（略してセカオワとかいわれてる）。

これまで十幾つのヒット曲があるといわれるが、わたしは一曲も知らない。かれらだけではない。現代のグループがさっぱりわからない。

テレビだけ見てるおっさんやじいさんは、そのへんの情報がまったくないのだ。SNSあたりで流行っているのが現代の主体なのだろう。

そして若者たちは、そんなヒョロヒョロふらふらした歌が好きなようである。

長谷部誠や三笘《みとま》薫の人間性やサッカーテクニックには感心するが、かれらもまたそういう、現代の歌手やグループの歌が好きなどというのを聞くと（長谷部はミスチル）、年代の違いを痛感する。

わたしは「現在」の感性（価値観）がまるでわからないのである。

どう考えても昔の歌謡曲のほうが、現在のものより優れていた。と思うのだが、これも客観的な指標や基準がないから、結局、主観的な判断にならざるをえない。

つまりわたしは昔の歌のほうが好きだが、現在の若者たちはいまの音楽が好きということである。これはどこまでいっても交差しない。

テレビ朝日の「博士ちゃん」という番組を見ていると、昭和歌謡にはまっているという子どもたちが登場する。わかる子はわかるのだ。

しかしまあ現代のじいさんばあさんのなかにも、「ミスチル」とか「セカオワ」の歌が好き、というのもいるだろうから、おあいこか。

昔の歌が圧倒的にいい、といっただけでは具体性がないから、ここでわたしが好きな曲をいくつか挙げておこう。

チューリップ「悲しきレイン・トレイン」、来生たかお「Ｇｏｏｄｂｙｅ Ｄａｙ」、前川清「大阪」、織田哲郎「いつまでも変わらぬ愛を」、村下孝蔵「踊り子」、湯原昌幸「雨のバラード」、平浩二「バス・ストップ」、浜田省吾「家路」、中森明菜「難破船」、竹内まりや「駅」、徳永英明「最後の言い訳」などである。

寺尾聰（かれは一九四七年生まれの喜寿）の「ＳＨＡＤＯＷ ＣＩＴＹ」は絶品。次点は「出航　ＳＡＳＵＲＡＩ」である。「ルビーの指環」ではない。

もっと昔の歌謡曲を挙げるなら、春日八郎「お富さん」、三橋美智也「星屑の街」、フランク永井「夜霧の第二国道」「西銀座駅前」、水原弘「黒い花びら」、三浦洸一「踊子」などを思い出す（必ずしも、全部好きなわけではない）。

しかし松尾和子の「再会」は凄絶《せいぜつ》である。

若山彰の「喜びも悲しみ幾歳月」の声量のすさまじさは、何回聴いても驚異的である（ＹｏｕＴｕｂｅで「昭和32年　昭和45年放送　日本歌謡チャンネル」の動画を御覧じよ）。

昔は紅白歌合戦は大晦日の一大イベントだった。いまではもはやその影もない。やたら男女のグループが次々と生まれるが、ビートルズやビーチボーイズのような世界的なグループやヒット曲は生まれない。

一言、もう時代が違うのだ、といえば、観察としては怠惰ではあるが、それが正解かもしれない。

媒体がテレビや映画だけではなく、ＳＮＳや音楽配信や動画配信の時代になってきたのだ。そして一部を除き、わたしはそっち方面にはとんと興味がわかないのである。だから大人気グループとか大ヒット曲（何億回再生）といわれても、一回も見たことも、聞いたこともないのだ。

歌と歌手の質によっては、伊丹十三がいったように、「テレビで歌って金をとるなんてフトイよ」（『ヨーロッパ退屈日記』新潮文庫、二〇〇五）、という気がわたしにもある。

下手な歌手、つまらん歌などを聞くとほんとうにそう思う。テレビだけじゃなく、そもそも、ただ歌って金儲け、というのがフトイのである。

今年、私的に大ヒットした曲

今年、わたしのなかで個人的に大ヒットした曲がある。深夜の昔のヒットメロディの通販を見ていて記憶がよみがえった。

佐藤隆の「マイ・クラシック」である。

これをデジタルプレーヤーに取り込んで、繰り返し聴いている。「クラシック」という意味がわからないのだが、詞も曲もいい。この曲は一九八四年。

もうひとつ、ある。

最近、高耀太（コヨーテ）という韓国人男女三人組の「純情」という曲がひどく好きになった。いまから二十数年前の曲だが、これがいいのである。

YouTubeでひょんなことから「Swinging Bridge」という動画のバックミュージックとして使われていた曲が気に入り、そのメロディに引きつけられた（引きつけられるのは、まずメロディだ）。

調べてみた。すぐわかった。インターネットとYouTubeのおかげである。コヨーテというグループの「純情」という曲の一部だったのである。ボーカルの女子はシンジといい、わたしは彼女のファンである。「高耀太koyote 2000.12.23 現場演唱會」というYouTubeで、赤いミニのワンピースで歌っているシンジがお気に入りだ。「Passion」「Sadness」という曲もいい。

最近、テレビはつけてても、イヤホンでYouTubeかデジタルプレーヤーの音楽を聴いていることが多い。くだらんバラエティ番組や、大谷翔平の活躍を自分の自慢のように報じる男女アナウンサーや、必死さ丸出しのCMを見たくないのである。

そんななか、YouTubeでハウザーの「Caruso」というチェロの曲に偶然行き当たった。

こういう曲に遭遇すると、音楽のよさをあらためて感じる。

ハウザーは、ルカ・スーリッチと組んだ「2Cellos」の演奏者、ステファン・ハウザーである。

「2Cellos」は二〇一一年、マイケル・ジャクソンの「Smooth Criminal」のカバーをYouTubeにアップして、二週間で三百万回再生されたことで有名になった。

「Caruso」というような曲を聴くと、今も昔もないという気がする。

ほんとうにいいものは、音楽に限らず、時を超えるのだ。

傑作はすべてアメリカのテレビドラマだった

前章では韓国映画の秀作を紹介した。

ここでは韓国のテレビドラマの秀作にもふれておきたい。

「アルゴン〜隠された真実〜」「ストーブリーグ」「リメンバー〜記憶の彼方へ〜」「浪漫ドクター　キム・サブ」「胸部外科」などである。

しかし特筆すべきは、「医師ヨハン」と「ミセン―未生―」である。

この二作は韓国ドラマの最高水準を示しているといっていい。まぎれもない傑作である。

しかし、好きといえば、昔のテレビドラマの比ではない。

わたしが好きだったものは、ほぼ全部が、アメリカのテレビドラマだった。

一位はデビッド・ジャンセン主演の「逃亡者」だ。二位は、これが一位でもよかったのだが、「ベン・ケーシー」である。主演はヴィンセント・エドワーズ。三位はロバート・スタック主演の「アンタッチャブル」、四位は「ルート66」。五位は「サンセット77」である。

不動のベスト5である。

このときほど、毎週、テレビドラマを見るのが楽しみだった時期はほかにない。「逃亡者」に毎週ワクワクしたのは、たしか大学のときだったはずである。まあ、幼稚だったのだ。

「サンセット77」のダブル主演ロジャー・スミスと、エフレム・ジンバリスト・ジュニアの名前はいまでも覚えている。

これは一九六〇年から一九六三年にかけて放映されたというから、わたしが中一から高一のときである。

エフレム・ジンバリスト・ジュニアと、スラッといえると、これだけでなにかを達成した気がしたものだ。

最近のことはすぐ忘れるが、昔に刷り込まれたものは強いのだ。

「ルート66」(一九六二年に放映)の主題歌は、いまでも英語で歌うことができる。

ほかにも「ナポレオン・ソロ」とか「ライフルマン」とか「コンバット!」「拳銃無宿」などが記憶に残っている。

東京では「ララミー牧場」(主演はロバート・フラー)が人気だったそうだが、九州では放映されなかったから、わたしは知らない。

一九六〇年代は、紅白歌合戦といい、アメリカのドラマといい、わたしのなかではテレビの絶頂期だったという気がする。

しかし現在のテレビドラマにも、洋の東西を問わず、傑作は多数ある。優劣はつけられない。

テレビはくだらない――小泉今日子

有働《うどう》由美子（一九六九年生、当時五十五歳）が小泉今日子（一九六六年生、当時五十八歳）にインタビューしている。

有働　我々からすると、松田さんも小泉さんも同じように雲の上の存在で、日常生活が想像つかないです。アイドル時代はステージ上で輝いていらっしゃいましたが、最近はテレビのバラエティ番組で全然お見かけしませんね。

小泉　絶対出たくないですね。

有働　なぜですか？

小泉　くだらないから。

有働　ワーオ！　どういうところがくだらないですか？

小泉　どういうところも何も、素敵だと思いますか？

いいねえ。

ここまではっきり「(テレビのバラエティは) くだらない」といったものは、男でもいない。

有働の「ワーオ！」は日和《ひよ》っている。小泉の強意を緩和したがっている。

有働　はっきりおっしゃるんですね。

小泉　はっきり言います。

有働　みんなテレビ局にケンカを売らないように、ついつい表現を和らげてしまいがちですが (それはあんたもだ。……引用者注)。

小泉　そうか……私はもうテレビに出ないと生活に困るという感じでもないし、何にももたれかかっていないので。そのために独立したところも、私の心の中にはあるんです。

二〇一五年、小泉は株式会社「明後日」を立ち上げた。

仕事は早朝から始めるという。「5時、6時には目が覚めるんです。おばあちゃんだから」といっている。

しかし「おばあちゃんだから」の本心は、たぶん八対二である。八割は、そう思っていない。

「代わりに夜の7時、8時以降はよほどじゃない限りパソコンを開かないと決めました。そうしないと、好きな韓国ドラマも見られない（笑）」

いいねえ。

彼女の好きな韓国ドラマがどんなドラマか、気になる。

（本記事「60歳定年だと思って、その先は白紙にしています」は、『文藝春秋』2024年2月号、および「文藝春秋 電子版」に掲載されている）

本来的な知性がありそうな小泉今日子には、ジェーン・バーキンみたいな「おばあちゃん」になってもらいたい。

人生に笑いは必要だが、お笑いはいらない

二〇二四年新年早々、能登半島地震が起きた。

ビートたけしは、「こういう時、オイラたち『芸人』という職業は本当に無力だと感じる」なんて見当違いのことをいっている。

ただし「『被災地に笑いを』なんて戯れ言だよ」といっているのは正しい。

「普段通りに仕事をして、安心して眠れる場所があって、しっかりメシが食える。それが揃ってヒトは初めて心から笑えるワケでさ。オイラたちにできることがあるとしたら、それは震災が落ち着いた後だろうね」（ビートたけしが明かす被災地への思い「〝被災地に笑いを〟なんて戯れ言だ」「震災のたびに芸人の無力さを感じるよ」NEWSポストセブン）

わたしは数年前までは、お笑い番組が好きだった。

獅子てんや・瀬戸わんやの「ピヨコちゃん」漫才で、他愛もなく笑っていたくらい

である。横山やすし・西川きよしはおもしろかった。B&Bは好きだった。それがいまでは、テレビでお笑い芸人の顔も見たくないほど、嫌になったのである。自分でも驚いている。

笑いは人生に必要かもしれないが、お笑い芸人なんかいらんのだ。

日本のテレビ業界は、松本人志たった一人の性的スキャンダルによって、「激震」が走った。

一人の芸人に、おれはテレビ界を震撼させるほどの力を持つ「大物」だと勘違いさせた元々の責任は、視聴率至上主義に憑かれた暗愚なテレビ局にある。

日本のバラエティ番組はくだらない、という小泉今日子はまったく正しい。なにもやることがないから、ただただ視聴率を取りたいだけのために、無理やりバラエティ番組を作っているのである。それを支えているのは芸人たちだ。やめればいいのに、NHKまでがバラエティに色目を使っている。

民放は、制作側も出演者も局員も、全員、企業の広告宣伝費で食べているが、しかしNHKは受信料で食べていることの引け目から、時代と世間と視聴者に忖度して、阿《おもね》っているのではないか。

作意のない人間に魅かれる

人間は作為だらけである。

作為とは、余計なことをしてしまう意思であり、自分を実体以上に粉飾しようとすることだ。

人間が余計なことをいったり、したりすることは、いわば本性である。だから少々のことはしかたがない。

南勝久の漫画『ザ・ファブル』全三十二巻、（本巻二十二巻、『ザ・ファブル The second contact』九巻、『ざ・ふぁぶる』別巻）を読んだ。

この主人公の佐藤明（映画では岡田准一）がいいのだ。

殺し屋のなかの殺し屋。無表情、無感情だから、自分の行為に作意がない。邪心がない。なぜ惹かれるのかと考えると、そこがいいのである。

映画『ザ・ファブル　殺さない殺し屋』のなかに、次のようなシーンがある。

車いすの十代の少女（平手友梨奈）が公園の鉄棒につかまり、立つ練習をする。倒れる。

佐藤は自転車にまたがったまま、それを傍から見ている。

少女が歩けなくなったことに、佐藤は責任の一端を感じている。

「なんですか？」

「いや、こけるなあと思って」

「見てたんだったら、こける前に支えますよね、ふつう」

「自力で頑張ってるのに、邪魔しちゃあ悪いと思って」

「なにそれ？」

「じゃあ、手伝おうか？」

「けっこうです」

少女、車いすによじ昇る。

「おもしろいですか？」

「歩けるようになる（間）。時間はかかるが、歩けるようになる」
少女、明をじっと見る。フッと笑う。
「テキトー。偽善？」

佐藤のしゃべる言葉には、一切の作意がない。稀有なことだ。だからわたしは、余計に惹かれる。素のままの言葉が口を出ているのである。強がりがない。意気がりもない。偉くみせようという意志がない。

しかし現在はどういう風潮なのか、日本社会全体が、笑いをとりたがる。政治家までもが、受けを狙う。その結果、下手な事態を巻き起こす。芸能人、スポーツ選手、業界人、タレント、芸人、タレント気取りのアナウンサー（男女とも）たちの、わざとらしい作意・作為が目にあまるのだ。

わたしは歳をとるにつれ、こういうことすべてが癪《しゃく》に障るようになった。お笑い芸人嫌い、CM嫌い、野球嫌い、ニュース嫌いも、ここに根があるような気がする。

お笑い芸人たちの〝おもしろくなさ〟は特筆に値する。お笑い仲間たちしか、笑っていないではないか。

司馬遼太郎の『街道をゆく』を読んでいたら、こういう文章に突き当たった。

「芸術というのはあくまでも人工のものだが、陶芸ばかりは火と土という自然がそのほとんどをつくる。人間が参加しうるのはそれに形をあたえる程度のもので、できれば作陶に参加する人間も作意《はからい》をすてるほうがよく、自然の一部というに近い状態であるほうがよい。自然が生みあげたという作品のもつ無心の美しさこそ陶芸の美である、といったふうに柳宗悦は考えた」（『街道をゆく4　郡上・白川街道、堺・紀州街道ほか』）

「作意」とは、作為のまえの余計な心の動きのことだ。

白洲正子も作為を排した人とされる。

青柳恵介がこういっている。

「正子さんは、石塔寺『三重塔』や長次郎の『無一物』に象徴されるような〝作為を排したもの〟を何よりも愛されました。実はつくるのに非常に苦労して、大変な努力の結果でこのような形になったのかもしれないけれども、いかにも自然に生まれ出たというようなもの。つまり、作為的な技巧の跡が残っていないもの。それこそが正子さんが生涯愛した〝うぶ（初心）〟な美しさでした」（青柳恵介「白洲正子さんの揺るぎのない美意識」『和樂』二〇二四・6・7月号）

わたしも作意・作為のない人間になってみたい（もう遅いわ）。

作為のない人間とは、歳をとったもののいうことではないかもしれないが、言葉の本来の意味で「純」な「情」のある人間のことである。

第6章
やっぱり今がいい

もちろん、現在のほうがいい部分もたくさんある

昔がいいことばかりだった、ということはありえない。

「やっぱり昔はよかった」とは、芸術文化という場合の文化（通俗的には娯楽文化）に関して、いえることである。

もしくは、素朴な人間関係の記憶や、失われた郷愁として……。

社会的関係（上下関係、男女関係など）や物の進歩については、断然、現在のほうがいいといわざるをえない。


現在がいいのは、人間関係が昔よりも寛容になったことだろう。

パワハラやセクハラ意識が広まったことで、年齢差別、男女差別が昔よりは減った。

ばかなオヤジ社員たちだけが待ち望んでいる社員旅行や、居心地の悪い「飲み会」が減ったことはいいことだ。

公共マナーもよくなった。公共の場での喫煙は激減した。

日本のＧＤＰはドイツに抜かれて世界四位になったらしい。今年にはインドに抜かれ五位になるといわれている。

このことをいかにも一大事のように新聞やテレビは報じるが、いまさら騒ぐこともない。とっくの昔に日本は政治的・経済的には二流国になっているのだ。

ＧＤＰごときが四位になろうと、五位に落ちようと、われわれの知ったことではない（実際、知ったことではない）。

そんなことよりも、われわれは気づいていないが、暮らしの細部で、例えばコンビニや店舗や空港などの公共のトイレが清潔できれいだということ、トイレットペーパーはつねに補充されているということなどではたぶん世界一、ということを知っておいたほうが、精神衛生上よっぽどいい。

世界のホテル業界では、日本人の観光客が行儀作法において世界一、という評価を得ている。

マクドナルドの店内が世界中、日本みたいにきれいなわけではない。

スーパーやコンビニでの商品の種類の多さは充実している。

電車は世界一の正確さで発着する。落とし物をすればかなりの確率で見つかる。路上に落ちているゴミはすくない。警察官はやさしすぎる。

日本人の美徳は、昔からつづいていることだ。なによりも、治安がよく、国民のあいだに礼儀正しさや気遣いがまだ残っている。

こういうことは、世界トップクラスかもしれない、と誇っていいのである。まあわざわざ誇ることもないけど。

あきらかに現在の日本社会は、清潔さや生活の安全性、人々の思いやりに関しては、昔よりよくなっているのである。

タバコ、セクハラ、肩もみ

第二章で書いたように、わたしが会社に勤めたのは、一九七二年（昭和四十七年）から二〇〇六年（平成十八年）までの三十四年間である。

二十五歳から五十九・五歳までだった（定年退職、と書いているが、実際には定年より半年早かった自己都合退職だったのである）。

転職をしなかったから、知っている会社は、勤めた会社一社である。

極小の会社だったが、他社と比較することなく（比較するまでもなく）、非常にいい会社だった、とほめちぎった。

しかし、それでも昔の会社だった。時代の限界はあったのである。

いまにして思えば、仕事をする環境としては最善ではなかった。

わたしが会社に入った当初は、タバコは喫いたい放題だった。わたしも当然喫っていた。

まだ社会全体がそういう風潮だった。

街中でも喫いたい放題である。

いまでは信じられないだろうが、駅でも電車のなかでも喫煙はあたりまえ。映画館でも上映中に煙がモウモウだった。地下鉄の電車内は記憶がないが、ホームでは喫っていた。吸い殻はどこでも地面に捨てた。

この状態があたりまえで、だれもこれがよくないとは思っていなかったのである。

が、徐々にタバコの害がいわれ始めた。アメリカ経由だ。

タバコの箱に、喫煙は健康に害があると印刷されるようになり、電車では禁煙、映画館でも、つまり公共の施設では禁煙になった。

会社のなかでも、女子社員たちが、タバコの煙が彼女たちのほうに流れると、手で払う人が出てきた。〝まったく男たちは！〟と、窓を開ける人も出てきた。

さすがに、こちらもそれなりに気を遣うようにはなった。

それでも、世の中から喫煙者が減るとは思えなかった。

それがいまや、喫煙者は二十歳以上の約十五パーセントまで落ち込んでいる。日々の感覚ではもっと少ないように感じられる。

むろん、いいことだ。やればできるのである。

当時はまだ、セクハラなんて言葉はなかった。

会社のなかで、そういう言葉に該当する行為は、わたしの勤めていた会社では皆無だったといっていい。

しかし、どういうつもりか知らないが、女子社員の肩を気軽に揉むやつがひとりだけいたのである。

急にうしろから近づいては、何人かの女子社員の肩を親しげに、声をかけながら揉むのだ。時間にして、数秒だったか。

わたしより一、二歳下の男だったが、わたしより上の役職だったと思う。わたしをクン付けで呼んでいたから。

かれは女子社員に嫌われてない、と思ってたのだろう。好かれている、とは思わなかっただろうが。

当時、女子たちにもこういう、親しみを装った行為を、無下に拒絶できない雰囲気があった。うまく切り抜ける「大人の対応」(なにが大人だ)が求められたのだ。

こういうことをする男も、そういう雰囲気を見越して、軽い冗談に見せかけて女の体に触るという意識があったにちがいない。

わたしは、なんだこいつは、なんのつもりだ、と思ってはいたが、公然とその行為を咎めることもなかった。

いまなら立派なセクハラである。

邪魔な社員旅行、酒の強要、お酌

いまでは少なくなったようだが、昔は社員旅行があたりまえのようにあった。

わたしは今も昔も、個人を、団体の行動に参加を強制するようなことが、好きではない。社員旅行など、自由参加にすればいいではないか。

就業規則かなにかで読んだが、社員旅行の目的は「社員同士の親睦」とあった。

なにが親睦だ、と思った。

親睦なら、日々、仕事を通じてやるもんである。

こういう屁理屈も嫌だった。

公園に「危ないので（あるいは人の迷惑になりますので）○○するのはやめましょう」という看板がある。

ただ「○○禁止」と書けないのだ。というのも、なぜだめなんだ、と文句をいうやつが必ずいるからであろう。

だが、まだわたしの会社の社員旅行はまともだった。

友人が勤めていた、世間に知られた大きな会社の社員旅行は、女子社員たちもいるのに、こともあろうにストリッパーを宴会に呼び、コの字型に並んだ酒席を回らせたという。

なに考えてるんだ？

もう信じられないのである（テレビＣＭで知られているからといってロクでもない会社はたくさんあるからね）。

だれかやめましょうという者はいなかったのか、それとも、どうだ、これがわが社伝統のストリップ宴会だ、とでも思っていたのか。

そういえば、友人は上司から「愛《う》い奴じゃ」といわれたそうだ。狂った会社だったのか。

会社では、忘年会も必須だった。

これも好きじゃなかったなあ。

わたしは会社の宴席で、酒を強制されたことは一回もなかった。「おれの酒が飲めないのか」といわれたことが、会社ではなく、他の場所で一回だけある。

しかしそんな天然記念物みたいな男は当時でも珍しく、いまではさすがに絶滅しているだろう。

会社の先輩は病気で酒が飲めなくなり、宴席にその頃出始めたノンアルコールを隠して持ち込んで飲んでいた。恥だと思ったのである。

いまはノンアルコールが、普及してよくなった。

酒を飲めない人間にたいしても、理解は深まっているようである。

ダウンタウンの「浜ちゃん」がノンアルのCMで、「飲めなくてもええねん」といっているとおりである。まさに隔世の感があるのだ。

女性のお酌も、いまはほとんどないのではないか（ありますよ！　という声が聞こえてくるようだが）。

わたしもビールをついだことは、もちろん、あります。つぎながら、なんだこれは、と思っていた。もちろん、つがれもしたが。

韓国ではいまでも上下関係が厳しく、酒席でも目上の者に対しては、横を向いて飲むという作法があるようだ。
お酌という風習には、自分でつげよ、手があるんだろ、と思った。
だから、つがれるのも、嫌だった。女子につがせて、なにがうれしいのだ。
日本の経済の衰退とともに、会社も金がなくなり、社員旅行も減った。
コロナ禍で「飲み会」も激減したという。
わたしみたいな集団嫌いの会社員にとっては、僥倖だったのではないか。

貧すれば鈍した会社

貧すれば鈍する。
これは、貧乏になると、たいていの人はさもしい心を持つようになる、と解説される。
貧して鈍した会社は、大企業のなかにもある。
わたしが勤めていた会社は小さかったが、時代の流れで業績が下降してくると、ひとたまりもなかった。

将来が不安になったのか、社長は義理の息子を会社に入れた。

この息子は、蛭《ひる》みたいな顔をしたやつで、入社してくるやいきなり、女子社員を「お前」呼ばわりした。こんなわかりやすいバカがまだいるのか、と思った。

あの男が入ってきたら、いびり出してやると息巻いてた先輩は、いざ、かれが入ってくると、一転、ちやほやした。

いい先輩だと思っていたのに、まったくがっかりした。

わたしはその男とは接触がなかったが（一言も話したことがなかったのではないか）、かれの入社の経緯をめぐって、社長とは対立した。

社長は、文句があるなら会社を辞めろ、といった。

自分は聖人君子でもないといった。社員全員、だれひとりそんなことは思ってもいなかったのに。

昔は話のわかる社長だったが、この頃は頑固になっていた。

わたしも直線的だった。

そんな社長や息子に対して、うまく対処する度量がなかったのである。

義理の息子は営業の仕事ができたようだが、意外なことに、社長と軋轢《あつれき》があったようで、二年ぐらいのちに会社を辞めた。いまでもほんとうの理由を知らない。

そんな会社で、よく、いい会社だといえたな、といわれるかもしれない。

それでも全体としてはやはり、圧倒的によかったのである。

貧して鈍したのだ。

人間でも組織でも、貧して（必ずしも貧乏だけを意味しない）鈍しないことは、非情に困難である。

人間は進化しているのか退化しているのか、わからない

わたしは、現在の日本社会が、わたしが子どもだった七十年前に比べて、よくなっているとは思う。

年齢や男女、人種による差別や、児童虐待や家庭内暴力などに関しては、法律や行政の対応が整備されてきている（まだ不充分ではあろうが）。

国民の意識においても、改善されていると思っている。

つまり個人レベルでは、人間の質が上等になり（優しく寛容になり）、生きやすくなっているのではないか。

と思うのだが、まったく自信がない。

たとえ個人レベルではそういえても、社会レベルでは、人間の愚劣さが露出している事態ばかりが蔓延しているではないか。

なぜそう思うのかというと、そういうニュースばかりをテレビが放送するからである。たったひとつの不愉快な事件でも、繰り返し放送されれば、見るほうの神経は、知らない間に毒されてしまう。

犯罪件数なら、統計が取られる。

だが人がどれほど寛容になったかは、統計の取りようがない。

それに、たとえあらゆるものの統計が取られるにしても、われわれは統計によって生きているのではない。

われわれは生活感覚によって生きているのである。

ニュースは、駅のホームでのけんかまで報じる。スマホの映像があるからである。

サルが町に出現すれば放送し、イグアナが逃げれば放送する。

高級車泥棒、お賽銭泥棒、ぶどう泥棒、無人販売の餃子泥棒が放送される。

そんなものを見せられて、視聴者はどうすればいいのか。

バカだねえといって、楽しめばいいのか。ニュースという娯楽なのだから。

社会は日本だけにあるのではない。

世界各地で、警官が市民を殴る映像が流れる。

そのニュースも、放送する側や見る側にとっては、楽しめない娯楽だ。


国家レベルとなると、人間の愚劣さはあきらかである。

中国とロシアと北朝鮮は、世界に災厄をもたらすばかりで、世界に役立つことはなにひとつやっていない。

しかし世界からは、民主国家の数が減少し、独裁軍事国家が増えているという。

これもニュースによってもたらされる。

だからわたしは、ただ不快になるだけのニュースは極力見ないようにしたのである。

すると九割のニュースが不要になった。

文明は限界に突き当たっている

自分が生きてきた時間のなかで、記憶に残る文明の産物は、新幹線、原子力発電、インターネット、それにスマートフォンである。

個人的にいえば、恩恵を被《こうむ》っているのは新幹線（昔の特急「さくら」で佐世保まで帰った身としては）と、インターネット（パソコン）である。

テレックスや国際電報を使っていたものにとって、Eメールは画期的だった。

あとはデジタルカメラやデジタルプレーヤーか。

昔はカラーフィルムが高く、気軽に撮れなかった。

携帯プレーヤーのウォークマンも画期的だったが、それでもカセットテープ使用だったため、音が劣化した。

デジタルプレーヤーにはそれがない。しかも収録数が無尽蔵だ（意味ないけど）。

動画配信サービスもこんなものができるとは、想像しなかった。

いまでは衰退しつつあるＤＶＤにも随分世話になった。

わたしら昔の世代のように、以前の機械を知っている者にとっては、現在できたもののありがたみが数倍感じられるのである。


電話は、昭和二十年代の、壁掛けでハンドルを回すやつを知っている。そのあとの黒電話は、電電公社の支店に申し込み、設置まで数か月かかった。

それがついにひとり一台、個人のものになった。

しかし、わたしはこのスマートフォンにだけ、なんの恩恵も受けていない。

もともと電話が好きじゃなかったので、スマホ（この言葉を使わなければならないのが、業腹《ごうはら》である）を欲しいと思ったことがない。

これを仕事に使っている人もいるだろうが、ほとんどの人は娯楽用であろう。

わたしはスマホを、文明の利器のどん詰まりだと思っている。

つまり大したものではない。

単なる発展形だ。

現在ではそれらに、フェイスブック、X（ツイッター）、インスタグラム、YouTube、TikTokなどのSNSが加わる（これは文明か？　ただのアプリケーションにすぎないか）。

YouTubeは昔の音楽の映像を収蔵している便利な宝庫、と思っていたら、とんでもなかった。

いまやYouTuberは商売である。閲覧数や登録チャンネル数が、金になるのである。愚か者がわらわらと世界に出現し、話題性のあるコンテンツを探すのは効率が悪いと、自分で醜い話題を作り出す。企業の宣伝広告費は諸悪の元凶である。

まあそんなことはどうでもいいが、携帯電話は本来は無用なものではないか。けれどこれを偏愛する者にとっては、本来もへったくれもない、命の次に大切な必需品のようなのである。

歩いてるときも、自転車に乗りながらも、なかには車を運転しているときにも、小便をしながらも、四六時中、手放したくないらしいのだ。

もうひとつあった。ドローンである。

これもヘリコプターやモーターパラグライダーに代わる、手軽に空撮できる便利なものと思っていた。

ところがいつの間にか軍事転用され、爆撃兵器になってしまった。

わたしみたいな牧歌的な人間は、もうお呼びじゃないのだ。

文明はもう、ろくなものを作ることができないのではないか。

ＡＩがどれほどのものか、さっぱりわからないが、もう七十七歳のじいさんは、知らなくてもいいでしょ。

知ったところで、なにがどうなるわけでもないのだ。

七十七歳のじいさんの総括

喜寿とは、還暦や古希といった中国伝来の言葉ではなく、室町末期に日本で生まれた言葉だという。

喜を草書体で書くと「㐂」になり、それが七十七に見えることから、七十七歳の長寿祝いが喜寿となったらしい。

室町末期なら当然、長寿であったろう。

わたしもまあ、よくこんな世の中をなんとか無事にここまで生きてこられたものだ、という想いはある。

途中で、どうかなっていてもおかしくはなかったのだ。

七十年以上生きて、以前から、人間はばかだなあ、と思ってはいたが、ほんとうに、愚かだなあ、と思う。

国家レベルの話だけではない。

大谷翔平が50号を達成したときのホームラン・ボールに六・六億円の値がついたという。ね、人間はこういうばかなことをしているのである。

ただこういうことをいっても、虚しいだけである。

もう見ないようにしたい。

わたし個人の世界に戻ろう。

高齢者の書いた本のなかに、明るく楽しい老後、ということを強調するためだろうが、七十歳、八十歳になったいまが人生のなかで一番幸せだ、と書いている人がいる。

まあ、そういう人はいるかもしれない。

この先、裕福ではないが、何年も暮らしていけるだけのお金はある。

子どもたちは大人になり、独立してがんばっている。

日々、趣味で小さな楽しみもある。

もう深刻な悩みもない。

穏やかな暮らしの日々だ。

そういう意味においては、年寄りのいまが一番幸せかもしれない、と考える老人がいてもおかしくない。

しかし、わたしは高齢の自分の日々を、別段幸せともなんとも思っていない。

ただ、もう通勤をしなくていい、会社員の生活をしなくていい、服装は自由でいい、といった意味では、楽になったなとは思う。

これからは人生百年時代だ、ということを信じておられる高齢者もいるかもしれない。そのことを目標にして、日々の張りを持たせるために、様々なことに挑んでみることはいいことである。

もちろんわたしは、そんなことは信じていない。

というより、わたしは七十七歳だが、ふだんは素の自分を老人だとは思っていないのである。

ただ、ちょっとでも体を動かせば、とことんじじいだな、と思う。

だがたとえ人生百年時代であろうとなかろうと、自分の年が確実に終焉に近いことは、自分でわかっている。

ここまで生きてこられて、ただただ幸運だったと思う（もうすぐ死ぬのか？）。

ある日、朝の五時半まで、動画配信（アマゾンプライム）で「レイ・ドノヴァン」のシーズン４・エピソード８から12までを見た。

アメリカの病理がすべて出つくしているクセの強いテレビドラマで、まともな人間はひとりも出てこない。

それでも先行きが気になって、つい見てしまうのだ。

それから寝ようとしたが、眠れず、ようやく十一時半頃寝た。

午後二時半頃目が覚めたが、もうすこし寝たいので、無理やり二度寝した。

四時半頃起きた。

今日は図書館に行って、そのあと……と予定を立てていたのだが、すべてダメになった。自転車にも乗っていない。

一日が台無しである。

ではあるが、どっちにしても、わたしの一日はこんなものだ。

憂鬱ではない。後悔もない。


イワン・デニーソヴィチにとっては、獄中で「こんな日が、彼の刑期のはじめから終わりまでに、三千六百五十三日あった」（ソルジェニーツィン『イワンデニーソヴィチの一日』新潮文庫、一九六三）。

わたしは五十九・五歳から七十七歳の現在まで、およそ六千四百七十七日を過ごした。

デニソーヴィチの「こんな日」とは、どんな日だったのか。

「きょう一日、彼はすごく幸運だった。営倉へもぶちこまれなかった」「昼飯のときはうまく粥（カーシャ）をごまかせた」「楽しくブロック積みができた」「タバコも買えた」「どうやら病気にもならずにすんだ」


いいことばかりを数えあげている。

「一日が、すこしも憂うつなところのない、ほとんど幸せとさえいえる一日がすぎ去ったのだ」


獄中と、わたしの自由な暮らしはちがう。

ちがうが、「幸せ」の感受量はおなじかもしれない。

わたしの「こんな日」があとどれくらいあるのか、わからない。

あとがき——今も昔もない

俳優の杉良太郎が八十歳になった昨年の九月、傘寿のお祝いが都内のホテルで開かれた。『芸能活動60年 福祉活動65年 傘寿「感謝の宴」』である。

出席者のなかには、多くの芸能人のほかに、衆議院議長の額賀福志郎、自由民主党元幹事長の二階俊博、元総理の菅義偉、公明党代表の山口那津男、国民民主党代表の玉木雄一郎ら政治家たちも含まれていた。

そのパーティの席上で杉良太郎が語った言葉が、感動的だった。

杉は芸能界に入る前から「何か世の中のために1つでも役に立ちたいんだっていう気持ち」がずっとあったという。

中学三年生で、刑務所の慰問で歌を歌ったのが最初だった。

「その頃から養老院をめぐって、また身障者の子どもたちのところへ行くという習慣がついていった」

十五歳から八十歳までつづく杉のボランティア行為は筋金入りだ。芸能活動六十年のあいだに、私財四十億円を福祉活動や寄付に投じてきた。東日本大震災や能登半島地震のときには、被災地で炊き出しもやった。

それでも「偽善」「売名行為」といわれる。

杉はそんな言葉をまったく相手にしていない。

みんなおなじことをいう。もうどうでもいいのだ。「ええ、売名ですよ。皆さんもおやりになるといい」という。

「こういった性格ですから、本音しか言えません。建前ができません。考えてみると、心から笑っている写真はあまりない人間です。ほとんどが作り笑いで、心から笑えない自分がいます」

杉良太郎は本気の本気だ。

なんで人間はこうなのか、世界はこうなのか？

「私が80歳になって思い残すこと、まだやりきれていないこと、絶対にやれないことですが１つ大きな思いを持っています。それは、国連という国際機関がありながら、なぜ国の首脳は戦争を起こすのか。なぜ人間は殺し合うのか。戦争を止めなければ明日はないと思います。欲にまみれて、領土やなんだかんだと、そういったいろんな言いがかりをつけて、なんで今もなお戦争か。これからも戦争か」

杉良太郎はほんとうに、戦争のない世界を実現させたいのだ。

自分は「80歳になっても90歳になっても、その思いだけは生きてる限りは叫び続けていきたいと思っています」

杉はここで決定的な言葉を吐く。「私はそのためなら命もいらない。飛び込んでいって死んでやろうと思うような気持ち、今でもあります」

この言葉を政治家たちは、どう聞いただろう。会場を一歩出たら、もう忘れてしまったのではないか。

「頭のいい人ばっかりが集まって なんで戦争を起こしているのか」「選挙に勝ってどうする。勝ってそれからどうする。自分のこと考えて政治をやっちゃいかんと思う」

杉の訴えは命懸けである。

「自分のこととして捉えて、ちょっと考える時間、または力を貸してください。私は行けって言ったら、命懸けで飛び込んでいきますから。(妻の伍代夏子と) 25年間連れ添っておりますけれど、これでお別れになるかもしれません。覚悟を持って今後も杉良太郎は生きていきます。ありがとうございます」

（全文はこの記事で読むことができる。「杉良太郎、戦争根絶へ必死の訴え『日本が世界をリードしていくぐらいの気概が』『芸能活動60年 福祉活動65年 傘寿「感謝の宴」』で」ＯＲＩＣＯＮ ＮＥＷＳ）

わたしがなぜジョー・ピケットや杉良太郎みたいな人間が好きかといえば、わたしがかれらのような男になれないとわかっているからだろう。

かれらのような男になりたかったのに、なれなかった。その恨みがある。

やっぱり昔がよかったか、いや、現在のほうが断然いいか。

当然、決着はつかない。

ひとは結局「いま」に生きるほかはない。

いまがどんな時代であるにせよ、またどんなに人間を小ばかにするような他人が多くても、それでも人間の本質としての生き方を模索するほかはない。

わたしは歳をとり、この世界にも人間にも、あきらめるしかない気分になっていた。しかし杉良太郎は、まったく絶望していない。かれは、ほんとうに命を懸けて、語り、人助けをしているのだ。杉良太郎や中村哲医師（かれは二〇一九年に亡くなったが）のような無私の人が、この世界には、まだいるのだろう。

ところで、わたしの誕生日は七月なのだが、昨年二か月ほど過ぎた九月に、驚いたことに、市から「喜寿祝い」が届いた。

今治タオルの詰め合わせである。

百歳（百寿）になると、全国的に市から表彰されることがあると聞いたことはあるが（それも近年、予算減で縮小されている）、たかだか喜寿で、市から祝いが届くとは思いもしなかった。

手紙が同封されていて、「今日までの長い間　明るい社会をつくるために　ご活躍いただいた皆様を敬愛するとともに　市の発展にご尽力いただいたことに感謝申し上げます」と、身に覚えのないことが書かれている。

ありがたいことではあるが、もしかしたら傘寿（八十歳）や米寿（八十八歳）、卒寿（九十歳）でもこんな贈り物をやっているのかもしれない。

もう年寄りのことはいいから、ほかのことに使ってもらえれば、と思う。

本書を担当してくれたのは、草思社の吉田充子さんである。いつも気にかけていただき、心から感謝申し上げる。

勢古浩爾

二〇二五年（令和七年）一月

著者略歴――――
勢古浩爾　せこ・こうじ
1947年大分県生まれ。明治大学政治経済学部卒業。洋書輸入会社に34年間勤務ののち、2006年末に退職。市井の人間が生きていくなかで本当に意味のある言葉、心の芯に響く言葉を思考し、静かに表現しつづけている。著書に『定年後のリアル』シリーズ、『結論で読む幸福論』『結論で読む人生論』（いずれも草思社）、『最後の吉本隆明』（筑摩書房）、『定年バカ』（SBクリエイティブ）、『人生の正解』（幻冬舎）、『定年後に見たい映画130本』（平凡社）、『バカ老人たちよ！』（夕日書房）、『無敵の老後』（大和書房）、『おれは老人？』（清流出版）ほか多数。

77歳、喜寿のリアル
――やっぱり昔はよかった!?

2025年2月28日　第1刷発行

著　者　勢古浩爾
装幀者　石間　淳
発行者　碇　高明
発行所　株式会社 草思社
〒160-0022　東京都新宿区新宿1-10-1
電話　営業 03(4580)7676　編集 03(4580)7680

本文組版　横川浩之
印刷所　中央精版印刷株式会社
製本所　中央精版印刷株式会社

ISBN978-4-7942-2772-0 Printed in Japan　検印省略